親と子の
ギャップ
をうめる

知っておきたい

超スマート社会を生き抜くための教育トレンド

宮本さおり 編著
大楽眞衣子 著

笠間書院

はじめに

日本の学校教育は今、大きな転換期を迎えています。

そのため、親世代が受けてきた教育と、子世代が受けている教育の間に大きなギャップが生まれています。

「ＡＩに仕事が奪われる」と悲観的な気持ちでささやかれた時代は過ぎ、今はＡＩと共存しながら働くために、人間にしかできないものを伸ばそうという議論へと世の中の関心は移っています。こうした世界的な動きの中で未来の大人を育てるための日本の学校教育も変化しようとしています。

超スマート社会を迎えようとしている現代、親たちが大人になってから使い方を覚えたコンピュータも、今の子どもたちは小学生の時代からすいすいと使いこなすようになっています。かつては大人である親は教える側で、子どもは常に教えられる側という構図でしたが、今は子どもから教わることも増えています。デジタル化が進み、情報化社会となった現代では、小さい頃から多くの知識と技術を身に付けられるようになりました。

数字しか入力できないポケットベル（通称ポケベル）の時代に多感な時期を過ごした親世代の頃は、携帯電話はまだ大きな箱を担いで持ち運ぶ厄介な代物でした。当時まだ高校生だった人たちは、数字で表された暗号のような文章を懸命に解読していました。

その後、ポケベルでも文章が送れるようになり、携帯電話は手のひらサイズに。この頃から、自宅の電話を介して友達と連絡を取り合う光景は薄れていき、子ども同士がダイレクトにつながる時代となりました。今はさらに進み、子どもたちはスマホやタブレットを使いこなし、さまざまな情報を瞬時に手にするようになりました。

世界では、「リープフロッグ」という言葉が使われるようになりましたが、これは、先進国で徐々に研究・開発されてきた革新的な技術が、新興国にはダイレクトに入るため、先進国が辿ってきた道のりをカエルのように飛び越えて急速に発展する様を表す言葉です。新興国ではポケベルの時代はなく、いきなりスマホの時代に突入したのですが、この様子がまさに「リープフロッグ」現象です。

考えて見るとこの現象は親世代と子世代の間に起こっているようにも見えます。急速な発展と聞くと、なにやら前向きなイメージを持ちますが、教育という文脈で見た時には良いことばかりとも言えません。

ある日、数学を教える教員との雑談で、こんな話を聞きました。解答を導き出すことができなかった生徒が、授業中にこう言ったというのです。

「先生、どうやったらこの問題、早く解けるの？」

てっとり早く解答を得られる方程式を教えてくれと言うのです。

「最近、こういう生徒が増えているんです」

と、教員は残念そうに話していました。

なぜならば、数学はただ解法を暗記する科目ではなく、解答に導くための道筋をああでもない、こうでもないと考えて、思考力を養う練習をする科目でもあるからです。答えの出し方をいきなり教えることもできますが、これでは数学は暗記科目と変わらなくなってしまいます。たとえ答えにたどり着けなかったとしても、考えあぐねるその間に、脳はたくさん働いているのです。

知りたい単語を入力すれば瞬時に教えてくれるインターネットの影響がここにも現れているように思えてなりません。教員から聞いたエピソードは教育においては早いことが全て是ではないことを、伝えてくれる話でした。

とはいえ、子どもたちが生きる現代は情報化が進む時代です。これを止めることもできません。だからこそ、親は、子の成長に合わせて伝えるべきこと、教えていかなければならないことが出てきたように思います。

この時に、今の学校が何をどう教えようとしているのかを知ることは、家庭教育においてもとても役立つ情報となります。ところが、学校で行われている教育が「分からない」という親御さんが増えています。

私は教育分野の取材を担当することが多いため、一般の親御さんに比べると多くの情報を得ています。しかし、そんな私でさえも、現在の教育現場の変化を理解するのに時間がかかることがあります。

私はフリーランスの記者であると同時に二人の子どもの母親でもあるため、取材以外でも、現役保護者の方々の声を聞く機会が多くあります。

「保護者会に出たけれども、先生の説明がよく分からなかった」

時にはそんな声を聞くこともありました。取材した保護者の中にも、溢《あふ》れる情報の中、何が正解なのか分からないという人や、自分たちが経験していない学習内容ばかりで、家でどうしていいのか分からないという親御さんもいました。

本書では、そんな親御さんのモヤモヤした気持ちを解消するため、今の日本の学校教育がどんな変化を遂げているのか、分かりやすく伝えることを目指しました。私は教育の専門家ではありませんが、だからこそ、一般の親御さんたちが抱えるモヤモヤが分かります。本書が家庭と学校教育の架け橋になれば幸いです。

第1章から第3章は、学校などで最近よく聞かれるようになった用語の解説を中心に、学校教育の変化の様子を伝えています。第4章は、子どもたちを取り巻く生活、環境の変化をはじめ、遊び方の変化についてもまとめています。この章は、普段から雑誌『AERA』(朝日新聞出版)などで一緒に取材・執筆をしているフリーライターの大楽眞衣子さんに協力をお願いしました。第5章では、情報化社会を生きる子ども達にぜひ身に付けてほしいメディア・リテラシーについて、世界の教育事情も交えながらお伝えしています。

最終章の第6章では、教育の多様性について考えていきます。注目の集まるオルタナティブ教育についても取り上げます。よく見聞きはするけれども実は知らないということも多いシュタイナー教育やモンテッソーリ教育、イエナプランなど、さまざまなオルタナティブ教育を考案された順に並べ、それぞれの教育の概要を載せました。

また、こちらも大楽さんの助けを得て、多様性の観点から観る制服の変化、不登校児童・生徒や働く親の増加などについても取り上げています。

大人が誰も経験したことのなかった超スマート社会を生きようとしている現代の子どもたち。学校ではこの社会を生き抜くために必要な力を養う教育が行われようとしていますが、同じ時代を生きる以上、実はこれは我われ大人も身に付けなくてはならない力とも言えそうです。どのような力が必要となるのか、本書で皆さんと一緒に考えていけたらと思います。

2024年1月　宮本さおり

第1章

教育

変わる学びの手法

Q

ALTとかICT教育など、学校のプリントに横文字が多くてよく分かりません。

A

自分の時には使われていなかった言葉が多いので分からなくて当然！ 知ってしまえばなんてことはありません。

1　ＡＬＴ教育

横文字だらけの教育現場

「今日はＡＬＴの先生の授業だったんだぁ」

帰宅した小学4年生の子どもからこう言われた母親のＡさん。

「そうなんだ～。授業は分かった～？」

と、知ったかぶりで聞いたものの、実はそもそも「ＡＬＴ」がなんなのか、全く分かっていませんでした。

タブレット学習にプログラミング教育、ＩＣＴ教育などなど、小学校（初等科教育といいます）の段階でもたくさんでてくるようになった横文字教育用語。これらの多くは保護者世代が子どもの頃にはなかったものが多いため、Ａさんのように、「分からない」という保護者がいるのは当然です。

ちなみ「ＡＬＴ」とは、アシスタントランゲージティーチャーの略語です。日本では、英語を母語とする外国語指導助手のことを指します。実は10年以上前から公立の小中学校でもＡＬＴの入る授業がありました。小学校での指導が本格化してきたのは２０１１年頃、ちょうど小学5、6年生で英語が必修化されるタイミングあたりからでした。

小学校から科目になった英語

これまでは、学校で英語を学習するのは中学生からというのが当たり前の時代でした。ところが今は小学生から正式な教科として学ぶようになりました。

日本には、学校教育について、どの学年で何を学習するかを定めた「学習指導要領」というものがあるのですが、ここに小学生から英語を学ぶように定められたからです。この学習指導要領は10年ごとに改訂が行われます。新しい学習指導要領による指導は、いきなり全ての学校で実施されるわけではなく、小学校、中学校、高校と、順次スタートしていきます。

2008年3月告示の学習指導要領を受けて、2011年度から小学校高学年で外国語（英語）活動が本格的に行われるようになりました。そして、さらに2020年度実施の改訂では、小学3年生から授業として英語を入れるように定められたのです。

これにより、小学3年生、4年生は「外国語活動」、小学5年生、6年生は「教科」

として英語学習が行われるようになりました。しかし、いきなり始めるのでは学校現場も混乱してしまいます。特に英語学習の場合、すでに高学年への導入が始まっていたとはいえ、英語を教える技術を持つ教員の確保をどうするかという問題がありました。

そのため、実際には２０１８年度から試験的に授業を行っていました。これはいわば先生たちの「慣らし期間」とも言えます。２０２０年度までの試験運用期間は５、６年生でも成績は付きませんでした。試験運用期間が過ぎた今は、５、６年生に関しては正規の科目となり、成績も付きます。つまり、現在4年生のAさんのお子さんも来年からは通知表に外国語の評価欄が設けられ、他の教科と同じように成績が出るようになります。

「ＡＬＴ」はネイティブスピーカーの先生が行う授業だと分かれば、子どもとの会話のキャッチボールもスムーズにいきそうです。横文字教育用語は意味さえ分かれば学校が今、どのような教育を子どもたちにしているのか、どういう大人に育てようとしているのかが見えてくるともいえます。

英語学習の変化

ＡＬＴの導入は決まったものの、授業頻度や教え方にはばらつきがありました。文部科学省が出す学習指導要領では、学習範囲や学習時間数の指定はあるものの、学習の進め方は運営側（公立の場合は各自治体）に任されています。

そのため、週に何時間くらいＡＬＴの授業を入れるかなどは学校によりまちまちです。例えば、ＡＬＴの導入が始まって間もない２０１２年にベネッセ教育総合研究所が保護者を対象に行ったアンケート調査によると、ＡＬＴによる授業が行われている学校は小学5年生から高校3年生までで3割程度しかありませんでした。

今年度、お子さまの授業にALT（外国語指導助手）はどのくらいの頻度でいましたか?

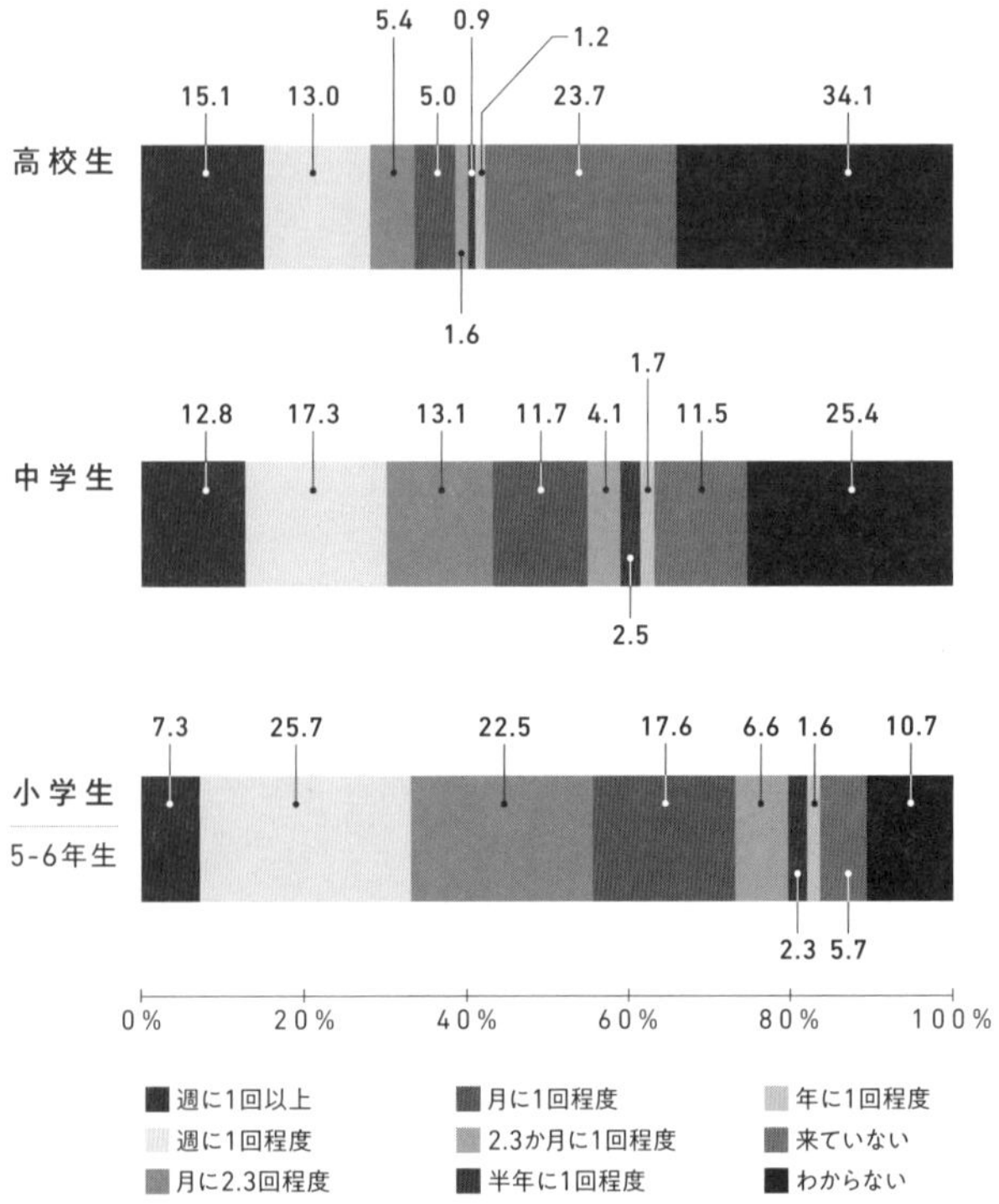

2012年に公表されたベネッセ教育総合研究所による保護者へのアンケート結果をもとに作成
https://benesse.jp/kyouiku/201212/20121217-3.html

その上、ＡＬＴが来るといっても月に1、2回程度という学校が多く、小学生では毎週ＡＬＴの授業が受けられているのは10％未満という結果でした。現在もＡＬＴによる授業がどのくらい行われるかは学校により異なります。

同時に行なわれた授業頻度についての満足度を聞いた質問では「満足である」と答えた保護者と「不満である」と答えた保護者が半々だったことが分かります。小学校で英語に慣れる活動が始まって20年が経過し、ＡＬＴの活用もだいぶ進んできているようです。

文部科学省が公表したデータによると、ＡＬＴを活用した授業時間の割合は小学校が最も高く、授業時間数の40％以上という学校が7割を超えました。

学ぶ内容にも変化が見られます。２０２０年度から始まった新しい学習指導要領では、「聞く」「話す」「読む」のいわゆる三技能を身に付ける学びを強化するように

ALTを授業で活用する時数の割合の分布

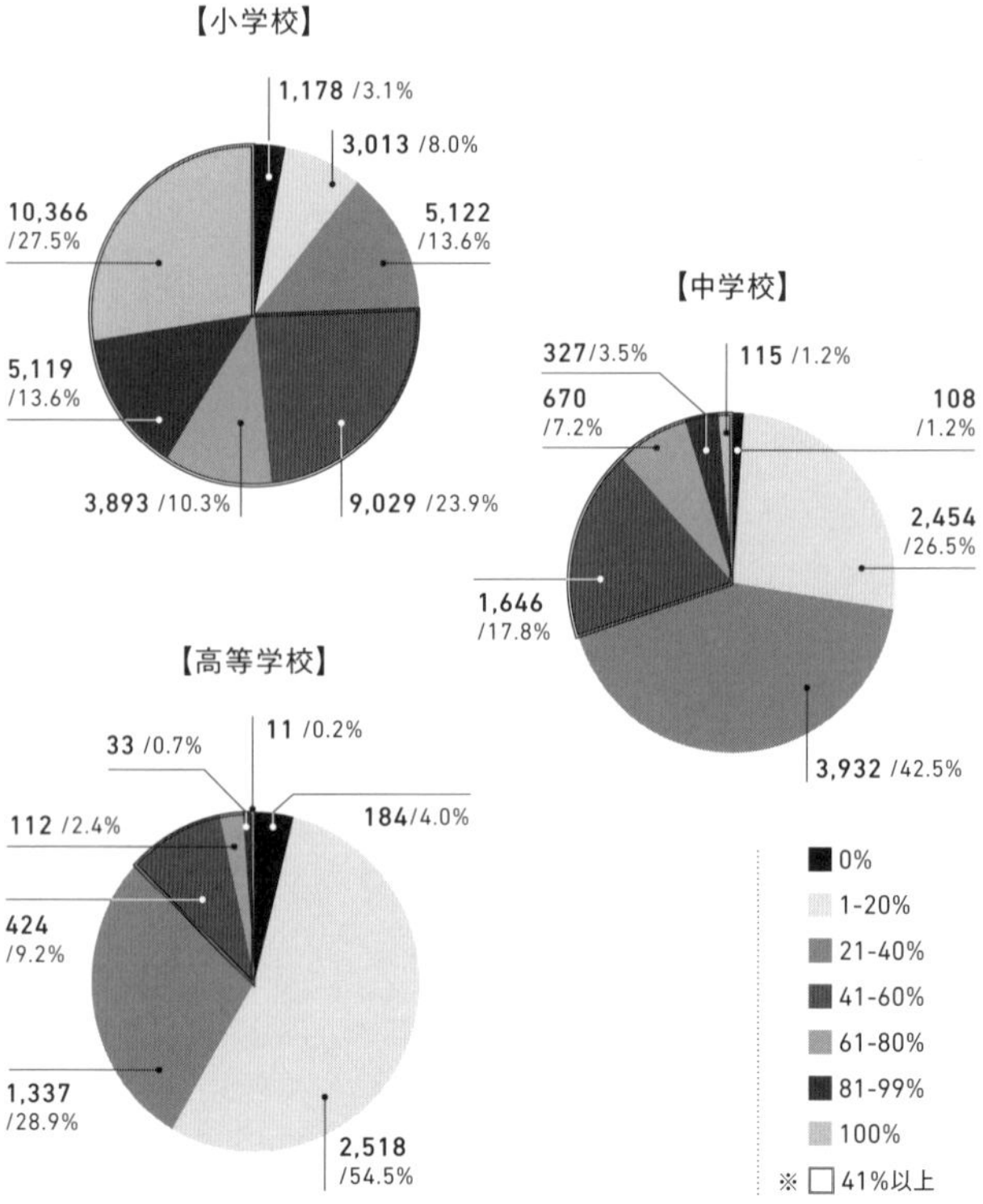

『令和３年度「英語教育実施状況調査」概要』（文部科学省）をもとに作成
https://www.mext.go.jp/content/20220516-mxt_kyoiku01-000022559_2.pdf

なりました。

具体的な指導内容を見ると、小学3、4年生は週1コマの外国語活動で、「聞く」と「話す」に焦点をあてた活動が行われています。そして小学5、6年生になると正式な「教科」として学ぶことになり、授業時間数も週に2コマへと増えます。

英会話を中心に英語に親しむための取り組みが多かった3、4年生と違い、高学年では読み書きも加わります。中学での学びにつなげる狙いもありますが、5、6年生のうちに中学校の先取りのような形で授業を行うことで、英語嫌いを生んでしまう可能性も否定できません。実際、ある調査では、小学校の段階で英語が嫌いだと答えた児童が3割もいました。楽しく英語を学ぼうという意欲は見られるため、やる気と学力をどう結びつけていくかが今後の課題と言えそうです。

指導力のばらつきを補う取り組み

小学校の4年間で扱う単語数について、明確な決まりはないのですが、どの教科書もおよそ600語から700語を習うようになっています。そして、中学では、これらの単語はすでに学習済みとして授業が始まってしまいます。しかし、先ほども触れたように、指導力は均一とは言えず、単語の読み書きについても子どもにより習熟度にばらつきがありました。

英語専科の教員も増えてきたとはいえ、現在の小学校で教壇に立つ教員のほとんどは英語を教えるための知識と技術について習っていない世代です。個人的に小さい頃から英会話教室に通っていたという人はいますが、自身が学校で英語の授業を受け始めたのは中学生という人が大半です。個人の努力だけではどうにもならない部分もあります。

小学校教員の指導力を強化するために、新たな取り組みを行う自治体もあります。千葉県習志野《ならしの》市では、2020年度から各学校にTAを巡回させる取り組みを始めました。TAとはティーチング・アドバイザーの略語です。海外の大学では、学部の講義を手伝う大学院生をTAと呼ぶことがありますが、これはティーチング・アシスタントの略です。習志野市のいうTAは、日本人英語指導助手のことを指し、英語専科の先生が各学校を巡回し、英語の指導法についてアドバイスをするというものでした。

小学校の英語教育はクラス担任が担うことがほとんどです。TAはこの授業を参観し、担任の指導力を上げるための支援や助言を行っていきました。同市でこの取り組みを2年間行った結果、市内全ての小学校で英語の得点が伸びる結果が出ました。

日本でも小学校から導入が始まった外国語の教育ですが、世界ではもっと低学年から外国語教育を取り入れるところもあります。私たち家族が娘の幼少期を過ごした米国シカゴにも、幼稚園から外国語学習を行っている学校がありました。

私たちは、シカゴ南部のハイドパークと呼ばれるエリアに住んでいました。ハイドパークはシカゴ大学をはじめ、カトリックやプロテスタントのルーテル派など、多くのキリスト教神学校もある学術エリアです。日本では、オバマ元大統領が住んでいるエリアとして耳にしたことがある方もいるでしょう。

アメリカの私立大学は、多様性を大事にするところが多いのですが、シカゴ大学も例外ではありません。現在も学生の約20%を留学生が占めています。大学院に通う留学生の中には我が家のように家族を連れて留学してくる人も多くいます。

ハイドパークの中でもシカゴ大学を中心とする一帯には、公立の幼稚園、小学校がいくつかありました。公立の幼稚園はだいたい小学校の中にあり、Pre-Kindergarten（Pre-K）と呼ばれ3歳から通うことができました。我が家が入園を決めたのは、家から近いところにあったＭｕｒｒａｙ Ｌａｎｇｕａｇｅ Ａｃａｄｅｍｙでした。

アメリカの公立校にはマグネットスクールと呼ばれる学校があります。特色ある授業を行う学校で、Ｍｕｒｒａｙはそんなマグネットスクールの一つでした。名前にｌａｎｇｕａｇｅとつく通り、外国語の授業があるのが特徴の学校です。

高校のマグネットスクールは試験をパスしないと入学することができません。Ｍｕｒｒａｙには高校はなく、幼稚園の入園にも試験はありませんでしたが、毎年応募者が多いため、申し込みをすれば全員が入れるというところでもありませんでした。選考基準は明らかにされていませんが、入園申請の書類の中に親の学歴を書く欄が設けられていたのが印象的でした。

私たちが滞在していた当時、フランス語、スペイン語、日本語の先生が常駐していました。外国語の学びが始まるのは日本の幼稚園年長にあたるKindergartenからで、子どもは好きなクラスを選んで年間単位で授業を受けます。

シカゴ大学などにきている留学生家族も多いためか、娘のクラスメイトは実に多国籍でした。英語に不慣れな子どもも多く、お迎え時間になるといろいろな言語が飛び交っていました。

お迎えの時、小学生の中には、

「I speak Japanese！ こんにちは」

アンテナpoint

ALTは外国語が母語の指導助手。英語の学習は小学校から始まり、小学校ではおよそ600語か700語の単語を勉強するようになっています。

といって、私に話しかけてくれる子どももたくさんいました。多国籍の割合が高いハイドパークにはいろいろな国の人が住んでいましたから、こうして外国語を使って話すチャンスもたくさんあります。子どもたちは教室の中だけでなく、外でも積極的に習った単語を使いながら学びとっているように見えました。

2 注目の学校が取り入れるＰＢＬ

ＰＢＬは学習の指導手法の一つです。「プロブレムベースドラーニング」や、「プロジェクトベースドラーニング」の略で、日本語にすれば「問題解決型学習」や、「課題解決型学習」といったところです。

日本の学校では長らく講義型の授業が主流となっていたのですが、最近は自ら問いを生み出し、それを考え、解決する力が必要だということが強く言われるようになり、学び方も変わっています。

プロジェクトベースドラーニングはアメリカの哲学者であり教育者のジョン・デューイが提唱した体験を通した学びを発展させてできたものです。先生が大きな問いを示し、その中から生徒や学生自らが問いを立て、解決するための方法を考えるというのが主なやり方です。

ある大学では、廃れてしまった駅前商店街ににぎわいを取り戻すにはどうしたら良いかという課題が与えられました。商店街の魅力の掘り起こしをするために、現地でマーケティング調査などを行って、解決策を探っていました。また、ある大学では、「店舗を経営してみよう」という課題が与えられました。この場合は出店する立地から、考えなくてはいけません。

このように、主に大学で用いられてきたＰＢＬ学習ですが、最近は中高一貫校の中にもＰＢＬを導入する学校が出ています。ＰＢＬ学習は一つの教科だけの知識では解決できないことが多いため、教科を横断した探究的学習にも適した手法となっています。

　ＰＢＬと似たような言葉として聞くものにアクティブラーニングがあります。文部科学省が推奨する学び方として示されてもいる言葉ですが、アクティブラーニングは生徒が主体的となる学び方の総称のような言葉です。ですから、ＰＢＬとアクティブラーニングは別物ではなく、アクティブラーニングの手法の一つにＰＢＬがあると覚えておけばよいでしょう。

アンテナpoint

PBL はアクティブ・ラーニングの手法の一つ。生徒が主体的に学ぶ授業形式で、問題解決型学習や、課題解決型学習を行います。

3 親にとってはややこしいSTEAM《スティーム》教育とSTEM《ステム》教育

新しい教育用語トレンドにもしも「親が分からないものランキング」があったとしたら、間違いなく上位に入るのが、このＳＴＥＡＭ教育とＳＴＥＭ教育だと思います。二つの見た目の違いは「Ａ」があるかないかだけなので、「あれ、スペル間違えた？」くらいに思うのですが、どちらもスペルは合っています。

最初に言葉として生まれたのはＡのないＳＴＥＭ教育の方です。コンピューターの発展やスマホの出現で社会は大きく変わりましたが、デジタル化が進んだ現代は社会で必要とされるスキルも変化しています。たくさんの計算を早く正しく処理する作業は、機械が行うようになりました。人間に求められるのはこれらをいかに使いこなすかです。

こうした時代の変化を受けて、オバマ政権時代にアメリカで生まれたのがSTEM教育という言葉です。Science（科学）、Technology（技術）、Engineering（エンジニアリング）、Mathematics（数学）の頭文字を取った新しい用語です。

これからの時代、国が豊かになるためにはものづくりの力を強化しなければならないと感じたアメリカが、そうした力のある人を育成するために打ち出したのがSTEM教育でした。

その後、ここにArt（アート）のAが加わって、STEAM教育となりました。アートと聞くと、美術を思い浮かべるのですが、STEAMが唱えるアートは美術ではなく、リベラルアーツの「A」を意味しています。

リベラルアーツは生きるために必要な知識を分野を縛ることなく学ぶものです。古代ギリシャで概念が生まれ、イギリスを経てアメリカへと継承されました。ＳＴＥＭは理数系の学びの強化に着目していたのですが、ただ専門性を高めるだけではダメだよね、理数系の学びで得た知識を自由に使いこなし、課題を発見し、それを乗り越える道を導き出せる力を養うことが大事だねというわけで、Ａｒｔの「Ａ」が加わったのです。

日本の大学では入学の時点で学部と専攻を選ぶことが多いのですが、リベラルアーツ教育が主流の海外の大学では、教養としてさまざまな分野の学びをした後に専門分野を選んでいくようになっています。リベラルアーツ教育は、西洋において現在の大学の原型ができた頃にはその土台ができていたと言われています。

11世紀から12世紀にかけての中世ヨーロッパで誕生したとされる大学。当時の大学は、キリスト教について学びを極める神学がその中心でした。神学、法学、医学の三つを専門課程として最高学府が成り立っていたのです。そして、専門課程に入る前には教養7科目と呼ばれる文法、修辞学、論理学、数学、音楽、幾何学、天文学を修めなければなりませんでした。

7科目を見て分かるように、文系、理系の垣根はなく、教養としてどちらも学ぶ仕組みをとっていました。ベイズ統計学の生みの親、18世紀を代表する数学者のトーマス・ベイズも実は牧師です。彼の場合、神学を極めようとし、神の国を証明するために数学的思考を試みた結果、数学者としての功績を残すことになりました。こうして見ると、今の教育は新しいというよりも、古くからの学問の営みを再度、見直しているようにも思えます。

STEAM教育やリベラルアーツ教育を行う場合、従来の講義型授業では良さは半減してしまいます。教えられたことをそのまま覚えるような学習からは創造性は生まれません。マニュアル通りに素早く処理するのはすでにAIが行う時代です。人に求められるのは、人にしかできない仕事となっていきますから、自ら頭を動かし、考え、創造していく力が生き抜く上で必要になるのです。

冒頭の質問にあったＩＣＴ教育は、今や横文字教育用語の中でも忘れてはならないものになっていますが、これについてはお伝えするべきことがあまりにも多いので、次の章でじっくりと見て行くことにします。

アンテナpoint

「STEM」と「STEAM」はどちらもあり、理系、文系の垣根を越えた教科横断型の教育が広がっています。

4 夏休みの宿題から読書感想文が消える

「ママー！　感想文って何書いたらいいの」

「え、明日で夏休みが終わるのにまだ書いてないの？　本は読んだの？」

夏休み最終日に繰り広げられる親子のドタバタ劇。子どもは夏休みでも親は仕事があるので、読書感想文や自由研究といった大掛かりな宿題に寄り添ってあげる自信がない……と心配する人も少なくないのではないでしょうか。

夏休みの宿題が「軽量化」

夏休み最後のドタバタは今も昔も変わらない光景ですが、読書感想文や自由研究、毎日の日記といった親にとっても重荷になるような課題は出さない、または希望制となっている公立小学校が増えています。中には宿題がゼロという学校まで出ているくらいです。

低学年の夏休みの宿題は、簡単なドリルやプリント、お手伝いなどを課題とする学校が多く、絵日記が出されたとしてもせいぜい1日〜数日分程度。軽量化され、むしろ「これだけでいいの？」と拍子抜けしてしまうくらいです。

もちろん学校によって差はありますが、少なくとも親世代が子ども時代に経験したほどの重荷を夏に背負う必要はなくなっています。家で机に向かうよりも子どもたちには今しかできない経験を積んで、夏休みの思い出作りを優先しましょう、という教育的な意図があるからです。

宿題を減らす二つの切実な事情

というのは表向きの理由です。背景には二つの切実な事情があります。一つ目は「事前の指導が行き届かない」という現実です。近年、読書感想文の宿題が必須ではなくなったある小学校の教員は、

「学校での指導時間が十分ではなかったので、子どもの力だけで書けるとは思えませんでした。保護者のサポートを受けられない子に申し訳ないですし、しっかりサポートする保護者にも申し訳ない気持ちでした」

と〝廃止〟に胸を撫《な》で下ろしていました。読書感想文は通常の作文とは違い、独特の書き方やポイントがあり、高度な文章力が求められます。そのためには練習が必要です。自由研究も同様です。本気で取り組む場合はどのような問いを立てるかが一番の要《かなめ》で、そこに高度なひらめきや考察力が求められます。これらを授業内で指導するにはあまりにも時間が足りません。

2020年度から実施されている新しい学習指導要領でプログラミング教育や外国語教育が必修化され、コロナ禍も一段落ついて行事も復活し、学校現場の余力はゼロに等しいといっても過言ではありません。

先生たちの宿題チェックも大変

もう一つの事情は、教員たちの働き方改革です。2023年、文部科学省が6年ぶりに教員の勤務実態調査の結果（速報値）を公表しました。これによると、前回調査（平成28年度）より労働時間が少なくなっているとはいえ、若い教員は11時間も働いていることが分かります。例えば午前7時半に出勤すると午後6時半まで学校にいる、という状況です。子育てしながら働く教員も多いですから、保育園の送迎などを考えるとなかなか厳しい状況にあります。

年齢階層別　教諭の1日当たりの在校等時間
(10・11月の平日 時間:分)

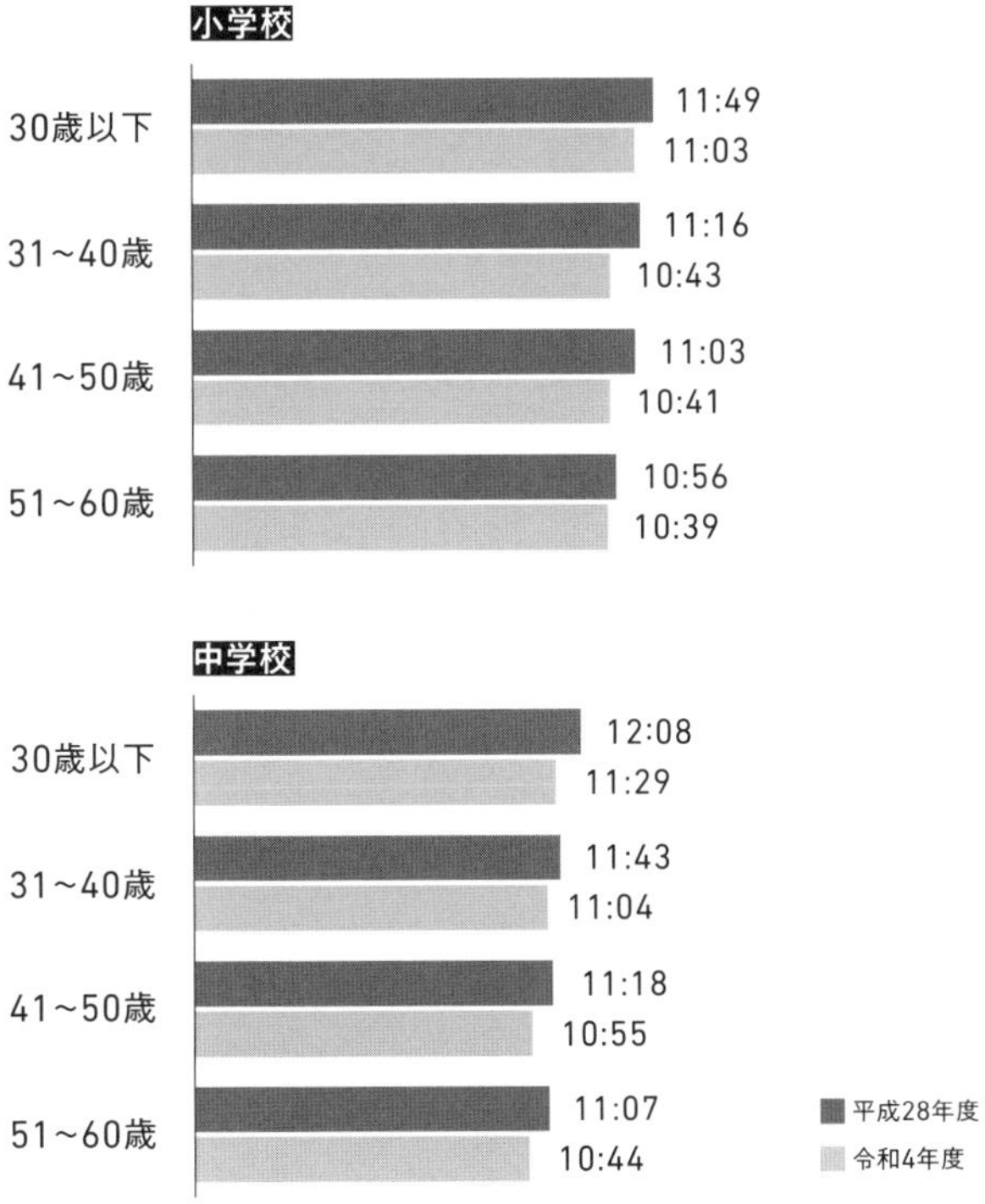

文部科学省『教員勤務実態調査（令和４年度）集計【速報値】』をもとに作成
https://www.mext.go.jp/content/20230428-mxt_zaimu01-000029160_2.pdf

このような労働環境の中で、夏休み明けにクラス全員の感想文を読んで評価して返却したり、全員の自由研究をチェックしたりする「プラスα」はなるべく減らしたい、というのが実情です。

読書感想文、いる？　いらない？

そもそも読書感想文は必要なのでしょうか。児童書を研究する児童文学者に訊ねたところ、

「読書感想文なんていりませんよ。子どもの読書嫌いを助長するだけ。なくなればいい」

と一刀両断で不要論を唱えていました。

子どもの「読書離れ」は、20年以上前から懸念されてきました。なんとかして本を読ませようと、２００１年には「子どもの読書活動の推進に関する法律」が制定されました。しかし動画メディアの台頭により実質的な読書離れは進む一方です。

学校も手をこまねいているわけではありません。「本をたくさん借りた人を表彰する」「朝の読書時間を設ける」といった取り組みも進んでいます。それなりの効果はあるものの、蓋《ふた》を開けてみると「大量に借りて読まないで返却する」「短い文章の本しか読まない」という子どもも続出する始末。子どもの発想はおもしろいですが、教育現場もどうしたらいいのか頭を抱えているのです。

学研教育総合研究所が２０２３年に実施した小学生とその保護者、計１２００組を対象とした調査（学研教育総合研究所・小学生白書Ｗｅｂ版〈２０２３年10月調査〉『小学生の日常生活・学習に関する調査』）（注①）によると、小学生の読書量（電子書籍・まんが除く）の月平均は月４・０冊。親世代が小学生だった頃と比較すると、半分以下の冊数です。月に1冊も本を読まない子どもの割合は3割を超えました。また、男子の方が読まない傾向にあることが明らかになっています。

　こうした現代の小学生では、ぽんと読書感想文の課題が出されても太刀打ちできません。いかにハードルが高いか、お分かりいただけるかと思います。特に予《あらかじ》め本が定まっている「課題図書」は読書が苦手な子にとってはハイレベル過ぎることも。学校現場からも「ますます読書嫌いを増やしてしまうのでは」と危惧《きぐ》する声が上がっています。

　加えて作文力の問題もあります。昔のように作文や日記といった「長文を書く訓練」の機会が減っている子どもたち。書きたくなければ生成ＡＩに頼ることだってできる時代です。文章力に自信がない子どもたちにとって、いくらでも抜け道はあります。

　ところがです。これからの世の中は読書感想文や日記、自由研究に対して自主的かつ意欲的に取り組める子どもこそがトップランナーになる仕組みになっているのです。２０２１年度より大学入学共通テストが導入され、英語や数学にも読解力、表現力といった「国語力」が一層求められるようになりました。こうした力は一朝一夕に養えるものではありません。子どもの頃から本に親しみ、読書感想文や絵日記、作文を通して、文章で自分の考えをまとめる習慣が必要になってきます。

全然本を読まないのに……と親としてはもどかしいところですが、「子ども時代にいかにたくさんの経験が積めるか」がカギとなっています。家庭での読み聞かせや日記、新聞や図鑑を利用した調べ学習を習慣にするのもおすすめです。

国語教育「読む」「書く」の変化

国語の教育も変わってきています。国語の基本である「読む」と「書く」は、デジタルネイティブ世代に相応《ふさわ》しいものへと変化しているのです。「書く」ことについて言えば、小学生からタイピングができるようになるための練習が始まります。卒業文集を手書きではなく、タイピングに指定している学校も存在します。

全ての学びの土台と言っても過言ではない「読む」力は読解力とも言えます。文学作品を読むことで、情景を思い浮かべ、人の心について考えるなど、国語の教育では作品をただ味わうだけでなく、他者に対する想像力も養っていたと思います。これに加えて最近は、実社会で役立つ実用的な日本語について学ぶようになりました。外国語の勉強に例えると分かりやすいのですが、英検の勉強だけでなく、ビジネス向けの実用英語が多く出題されるＴＯＥＩＣの内容も入ってきたという感じです。

実際、高校の授業では、ビジネスメールの書き方の学習をする学校も出てきています。契約書の内容を読みとる授業をする先生もいます。教育は子どもたちが一人で生活できる大人になるように導くためのものでもあるため、実用的な文章に触れることはとても大切だと思います。

新しい学習指導要領になり、高校では「論理国語」という科目が加わりました。これは、論理的に書くことや、批判的に読む力を育てることを目標にしています。第5章で詳しく触れますが、情報が氾濫《はんらん》する現代、文章を批判的に読む「批判的思考」を持つことは、生きる上での大事なスキルになりました。

「批判的」と聞くと、何かに対して「批判」すること、つまり、人の意見に文句を言うことのように思いがちなのですが、この場合の「批判」はそういうことではありません。「批判的思考」とは、ある根拠や基準に基づいて判断すること

アンテナpoint

小学校では長文を書く機会が少なくなっているけれど、大学受験で一層文章力が求められるように。学校任せにしておくと、10年後に差が出ます。

で、「非難」とは違います。

○親子ギャップ

外国語の学びは小学生からとなり、夏休みの宿題は減っています。

小・中・高ともに生徒が主体となって学ぶ教科横断型の授業が増えています。

〈注〉

①学研教育総合研究所・小学生白書Ｗｅｂ版（２０２３年10月調査）『小学生の日常生活・学習に関する調査』
https://www.gakken.jp/kyouikusouken/whitepaper/202310/chapter4/12.html

第2章

教育

デジタル時代の基礎知識 ICT教育

Q

学校でタブレットが配られてから、ずっといじっています。遊んでばかりいるようで心配です。

A

遊んでいるのではなく、勉強している可能性もあります。

1 スマホやタブレットを触る＝遊んでいる？

「遊びに行ってきまーす」（子ども）

「宿題は終わったの〜」（母）

「うーん！」（子ども）

どこかのマンガで聞いたことのあるようなやりとりですが、「遊びに行くのは宿題が終わってから」というルールにしている家庭は多いようです。Bさんのお宅でも、帰宅したら手洗いうがいをし、宿題をしてから遊びに行くというのがお子さんとのお約束でした。ところが最近、少し様子がおかしいというのです。お子さんがタブレットばかり触っていて、一向に勉強をしているそぶりが見えないのです。

子どもが使う電子機器といえばゲーム機という時代に育った私たちです。そのため、電子機器を触っていると、

「遊んでいるのではないか」

と思ってしまう方も多いのですが、今は学校でも電子機器を使うことが増えているため、電子機器＝遊びというバイアスを取り払わなければなりません。

また、勉強＝苦労してやるものというイメージが強いのですが、学校では〝楽しく学ぶ〟こ

アンテナpoint

スマホやタブレットを触っているからといって、遊んでいるとは限りません。

とも重要視されるようになっています。お子さんが「勉強していないのでは？」と心配するBさんですが、実はタブレットを使って楽しく学んでいるだけなのかもしれません。

2 広がるICT教育とは

第1章でいくつかの横文字教育用語をお伝えしましたが、ICT教育という言葉も最近急速に見かけるようになった用語です。ICTとは、Information and Communication Technologyの頭文字を取って作られた言葉です。

パソコンやタブレットといった情報通信機器を使って学びを加速させようという狙

いから始まった教育で、機器を使うことにより情報化社会に必要なリテラシーとスキルを子どもたちに身に付けさせるという意図もあります。

このＩＣＴ教育を土台から支えるのが、文部科学省が掲げたＧＩＧＡスクール構想です。２０１９年度から取り組みが始まったこの構想には、タブレットやノートパソコンといった情報通信機器を全ての児童・生徒が手にできるように整備することが盛り込まれていました。

「一人１台端末」という言葉を聞いたことのある親御さんもいると思います。当初は２０２３年度までにこれを実現する方向でスタートしました。ところが、２０２０年に新型コロナウイルスの感染拡大が起こり、緊急事態宣言が出されたことで、構想が前倒しになりました。

ＧＩＧＡスクール構想を説明する文書を見ると、「多様な子供たちを誰一人取り残すことのない公正に個別最適化された学びや創造性を育《はぐく》む学び」や、「特別な支援が必要な子供たちの可能性も大きく広げるもの」という言葉が並んでいました。

そしてこの構想には、学校教育の中にプログラミング学習を本格的に導入することも盛り込まれています。プログラミング学習は、情報化社会とグローバル化が進む中、生き抜く力を育むために必要な知識と技能の習得を促すものとして、すでに小学校の段階から授業の中での取り組みが始まっています。

ICT教育を実際に学校で行うには、学校の通信環境（ハード）と、それを使って学びを加速させる教員の指導力強化（ソフト）の両面を整える必要がありました。そのため、当初は5年という期間をとって両者を徐々に整備していくような計画となっていました。

コロナ禍によりこれが一気に前倒しになったのです。一斉休校で学校に行けなくなった子どもたちの学びを止めないための策として、ＩＣＴ教育が使われることになりました。

こうして、当初の構想にコロナ禍の学びを止めないという目的が加わり、電子機器の配布が急速に進みました。２０２０年度末の時点で実に９割の学校でＩＣＴ教育を行うための整備が完了したのです。

アンテナpoint

コロナ禍の影響で、ICT教育の整備が急速に浸透。
一気に一人1台端末時代へと進みました。

3 学ぶ内容も進化　新しい学習指導要領

親世代が誰も経験したことのない全国一斉臨時休校は、子どもたちの学びに大きな影響を与えました。２０２０年４月に出された緊急事態宣言で、子どもたちは春休みの延長のような状態で一斉休校に入りました。

日本の場合、学校の新年度は４月が始まりです。春休みが明ければ新しい学年になるというのが通常ですから当然、学ぶ内容も新しくなります。しかもこの２０２０年度は小学校にとっては大きな変換期となっていました。

第１章でも説明した学習指導要領の改定です。国をあげて指導の基準を作り、統一されたものを使っているところは世界的にもあまり多くありません。この指導要領のおかげで、日本では、どこに暮らしていても、一定水準の教育が受けられるようになっています。

２０２０年度はちょうど小学校で新学習指導要領による学びがスタートする年でした。今回の改訂は専門家が「戦後最大の改革」と言うほどに大きな変化をもたらすものでした。その一つが教科の増加です。英語が正式に小学校の教科として加わり、またプログラミング学習も取り入れられることになりました。そして、この他、既存の教科についても変化があったのです。

例えば、算数を見ると、小学5年生で習っていた素数は中学校の学習内容に移行しました。一方で、中学校で習っていた代表値（平均値・最頻値・中央値）といった統計的な学びが小学6年生に降りてきました。

アンテナpoint

新しい学習指導要領による学びがスタート。
英語やプログラミング、統計の学びが小学校の段階で始まります。

文部科学省が発表していたスケジュール

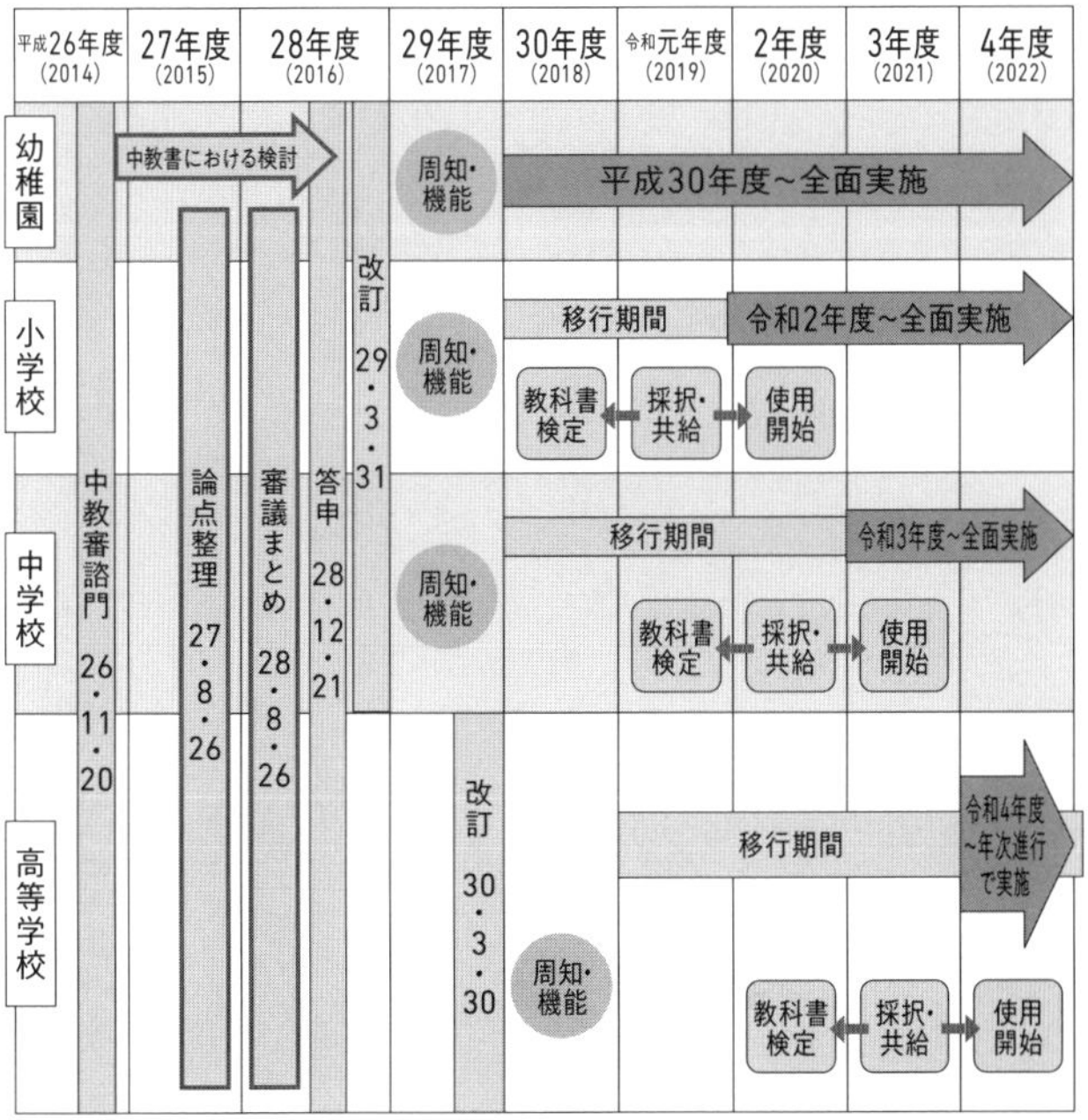

『今後の学習指導要領改訂に関するスケジュール』をもとに作成
https://www.mext.go.jp/component/b_menu/shingi/giji/__icsFiles/afieldfile/2019/06/25/1418185_12.pdf

4　ICT教育導入の差が浮き彫りに

このように、新たな小学校での教育がスタートするはずだった年を襲ったのが、コロナ禍でした。誰も経験したことのない全国一斉臨時休校、終わりの見えない巣ごもり生活に不安を覚えた保護者は多くいました。

学校から新しい教科書や、プリントが配られたものの、多くの公立学校では、学習はほぼ家庭に丸投げという状況になりました。休校期間が長引くにつれて、家庭でできることも限られてきます。

親世代の時代と異なり、現代は共働き家庭も多くなり、専業主婦は少なくなりました。出勤はないものの、両親ともに自宅からリモートで仕事をする状況にありました。このような家庭では、親が手取り足取り勉強を教えてあげるだけのゆとりもありません。しかし、新しい単元に入ると当然子どもは一人で勉強しても分かりません。

「お母さん、この問題わかんない」

子どもたちが親にヘルプを求めることも増えていきました。

学校から配られるプリントに解説がついているとはいえ、普段は先生の授業を受けながら理解を深めるため、それだけで理解するのは難しかったのです。

一斉休校で浮き彫りになったのが、すでにＩＣＴ教育を進めていた学校と、そうでない学校の差でした。一人1台端末の整備もまだというところも多く、すでに整備が終わり、授業で使い始めていた学校との間に格差が生まれました。

ある程度導入の始まっていた学校では休校期間中もオンラインによる授業を受けら

れたようですが、機器もまだ手元にないという家庭では、親が先生代わりをするしかありません。

この差が鮮明に出たのが中学校でした。当時、私はコロナ禍で子どもたちの学びがどうなっているかを取材していましたが、ＩＣＴ教育の進んでいた私立の学校では、通常の授業とまではいかないものの、ある程度の活動が行われていました。取材した学校では、毎朝、オンライン会議システムを使った朝礼から始まり、教員が作成した授業動画を視聴して学習を進めていました。分からないところがあれば、個別メッセージ機能を使って先生に質問することもできていました。

このような学校がある一方、ＩＣＴ教育のハード面の整備もままならない学校では、遅れを取り戻せない状況が続きました。そんな中でもなんとか子どもたちとコミュニケーションを図ろうと頑張る先生の姿も見られました。スマホでも見られるようにとＹｏｕＴｕｂｅに先生が動画をアップする学校もありました。

しかし、機器の導入もまだこれからという学校では、オンライン授業に慣れている先生は少ないため、機器の操作から覚えなければなりません。話を聞いた保護者によると、その子どもが通う学校では、運動不足にならないよう、自宅でできる体操の動画が配信されただけで、授業らしいものではなかったというのです。

公立中学でも一部、すでにＩＣＴ教育を導入していた学校では、授業を行っていたところもありましたが、比較的初動が早かったのは私立学校でした。私立にはすでに数年前からＩＣＴ教育の波が押し寄せていました。全ての教員が機器を使いこなせるとまでは言わないものの、ある程度下地が出来上がっていたのです。

公立の場合は自治体ごとに管轄されているため、同じ自治体内の学校で足並みを揃《そろ》える必要がありました。一方で私立は学校ごとに独立して運営が行われていますから、オンライン授業導入の決断も早くに下すことができたのです。

そして今でも、自治体や学校により活用の程度は異なります。とりあえず、タブレットやパソコンといった機器が使える環境整備が終わったという段階で、「それほど活用はされていない」と話す家庭もあります。

全国津々浦々の学校が十分にこの環境を活用できるようになるまでにはもう少し時間がかかりそうです。

アンテナpoint

タブレットやパソコンが全員に配られたとはいえ、使い方や活用の実状は学校により違います。

5 変わる問題形式と解答方法

そもそも、なぜこのようにICT教育を進めることになったのでしょうか？　ここには社会の変化も大きく関係しています。文部科学省のある関係者は、子どもたちが生きるこれからの社会の変化と、国際的な学力調査の変化を見ても「ICT教育の推進は必要不可欠だ」と話していました。社会で必要とされる能力の変化についてはSTEAM教育とSTEM教育の項目でもお話ししました。では、国際的な学力調査の変化とは、どういう意味なのでしょうか？

国際的な学力調査として有名なのが、「PISA」（ピザ）と「TIMSS」（ティームズ）です。OECD（経済協力開発機構）とIEA（国際教育到達度評価学会）が実施する調査で、加盟する国に住む子どもたちを対象に行われているものです。「PISA」は15歳を対象に行われており、「TIMSS」は9歳と13歳を対象にしています。

ニュースで「日本の子どもたちの学力が低下」などと言われる場合はだいたいこの調査の結果を基にしています。これまでは、いずれの調査でも日本は平均的に高い学力を維持していました。しかし、この国際調査の方法や、作問が変わってきているというのです。

この学力調査は社会の変化を反映しながら作られていますが、現在の調査は、現実社会で必要な力がより試されるものになっています。例えば、読解力の調査では、オンライン上に投稿された文章を想定した問題文が与えられ、そこから必要な情報を抜き出して答える情報整理能力を問う出題もあります。

答案も紙で配られる時代は終わり、問題、答案共に端末に直接表示されるため、生徒は画面をスクロールするなど、機器の操作の基本が身に付いていなければなりません。選択問題の場合、操作はそれほど難しくありませんが、自分の考えを述べる記述式の問題では、タイピング技術も必要になります。

裏を返せば、先進国ではすでに小学生の段階でも機器の基本操作ができるという現れとも取れます。デジタル機器はもはや鉛筆や消しゴム、定規といった文房具と並んで学びに不可欠な基本の道具となっているのです。

ところが、教育の中でのデジタル機器の活用について、日本は大きく後《おく》れをとっていることが分かりました。通常の授業内や宿題で情報通信機器を使って勉強を進めているかを調査したものがありますが、ここ数年の調査で日本は毎回、各国の平均を下回っているのです。

では、日本の子どもたちが全くデジタル機器に触れていないかといえば、そうでもありません。チャットや一人用ゲームなどの使用については日本が世界1位を記録したこともあります。

つまり、遊びでは情報通信機器に触れる機会は多いのに、学びの場での利用が少ないということです。これでは世界に後れを取ると、GIGAスクール構想やICT教育の波が日本にも押し寄せることになったのです。

コロナ禍により一気にICT教育が広がったこともあって機器の使い方に慣れたのか、2022年に行われた「PISA」では順位を回復、「読解力」は全参加国中15位から3位に浮上しています。

アンテナpoint

タブレットやパソコンはもはや勉強のための三種の神器。

国際社会においては小学生でもパソコンやタブレットを使いこなすのが普通になっています。

6 教員の働き方改革という要因

ここまで、子どもたちの学びという面からGIGAスクール構想を見てきましたが、実はもう一つの文脈がありました。それが、教員の働き方改革にまつわるものです。最近、教師と言えば、残業するのが当たり前、親とのやりとりで気苦労も絶えないと伝えるニュースも多く、ブラック職場のイメージが定着してしまっています。

一般企業でもデジタル技術を使って業務を効率化するDX（デジタルトランスフォーメーション）が叫ばれて久しいですが、学校も企業同様にDX化を進めようという動きがありました。教育のICT化は先生たちの業務効率化も考えて進められていたのです。

実は似たようなことが学校週5日制の導入時にもありました。学校週5日制とは、これまで半日授業を行っていた土曜日を休みにして、学校も週休2日にしようと始まったものでした。

この流れは一般社会の変化を背景に進められたものでした。1988年、人々の労働時間を短縮しようという改正労働基準法が施行されました。これまで、1日8時間、週48時間と定められていた労働時間が、週40時間へと短縮されることになったのです。

こうして、世の中が週休2日へとシフトする中、これに合わせて「学校週5日制」も徐々に浸透していきます。文部科学省の資料に「学校週5日制」と表記されているため、本書でもそう記すことにしましたが、要はこれ、学校が週休2日になるということです。

当時の資料を見ると、土曜日を休暇にすることで、大人も子どもも余暇を楽しみ、地域活動やスポーツを通して個性を活かしながら自己実現を図ろうという内容が書かれています。そして、時を同じくして始まろうとしていたのが「ゆとり教育」でした。「学校週5日制」は、このゆとり教育の考え方ともマッチするものでした。

今回の改革を見るとどうでしょうか。2019年4月、国は時間外労働に上限時間を設ける法律（改正労働基準法）を施行しました。1988年の週休2日制の導入時ととてもよく似ています。

公立学校の教員の場合、「公立の義務教育諸学校等の教職員の給与等に関する特別措置法」（給特法）という法律があるため、他の職種と同じようにはいかないのですが、残業の上限についてはある程度、他職種と同様に考慮することが求められるようになりました。つまり、学校も業務効率化を迫られることになったのです。

ICT教育が進んだおかげで教員の業務効率化も進みました。例えば、遅刻や欠席の連絡がオンラインになり「かなり助かった」と話す教員は多くいます。些細《ささい》なことに見えますが、家事と同じで名もなき作業ほど意外と時間を取られていたのです。

　これまでは、家庭と学校をつなぐ「連絡帳」に保護者が欠席の旨を書いて学校に提出するというのが主流でした。しかし最近は共働きの家庭も多い上、個人情報保護の観点からクラスの連絡網がない学校も増えています。このことについては第4章で詳しくお伝えします。

　保護者が出勤前に子どもの学校に寄って届けるのは難しいことも。連絡先が分からないので、子どものクラスの友人に連絡帳を託すのも簡単ではありません。結局、学校に直接電話で遅刻や欠席の連絡をする家庭が増えていました。

　こうなると、全学年の保護者からかかる遅刻や欠席の電話の対応を職員室で誰かがしなければなりません。普段から交流のある教員に聞くと「欠席連絡のオンライン化、あれ、かなり助かるんです」と話してくれました。

ＩＣＴ導入による業務効率化はこれだけではありません。ネットを介して生徒にデータを共有できるようになったため、授業で使うプリントの印刷の手間も減ったという教員もいました。

そして、意外と多いのが教育委員会に提出が求められる書類の作成、事務手続きなどです。学校に情報通信機器を使えるインフラが整ったことで、さまざまな事務作業が効率的に行えるようになりました。

ただし、パソコンが苦手という先生にとっては苦労も多く、ベテランの先生が新しいツールに悩まされる姿も見られます。こうした様子は一般企業でも見られるものです。先生たちも、われわれ保護者同様に、ＤＸ化の波を乗り越えようとしているのです。

提出物などがオンラインで管理されるということは、学びの足跡が全て先生の手元に残るということです。当然、成績を付ける時には客観的材料として使われることになります。このデータは学年が上がるにつれて、進路にも関係してくるようになってきます。

アンテナpoint

ＩＣＴ教育で宿題の提出、管理も容易になりました。
一人一人の学習の足跡をデータで残せるため、日頃から努力が必要です。

7 ICT教育で学校の学びはどう変わった？

では実際の学校で、どのようにデジタル機器が使われているのかを見ていきましょう。先ほど、小学校からプログラミングの授業が導入されることになったとお伝えしましたが、実際にどのような授業をしているのか、皆さんは想像できるでしょうか？

プログラミングの授業に欠かせないのが情報通信機器です。小学校では最近、算数の授業でプログラミングも学ぶ学校が出ています。ある学校では小学5年生の学習で「Scratch（スクラッチ）」と呼ばれるプログラミングソフトを使って正多角形を作図することを行っています。

中学校の数学の授業では、端末上で練習問題に取り組む姿もよく見られます。

「問題できたか〜？　さあ、それじゃあ、答えを教えてください」

と先生が声をかけると、手を挙げる子どもたち。親世代の感覚では、ここで当てられた生徒が前に進み出て、解答を黒板に書くというのがお決まりのパターンでした。

しかし今は、子どもは前に出ません。先生がパソコンの画面をクリックすると、当てられた生徒が書き込んだ画面が電子黒板に映し出されるのです。

授業で使うだけでなく、宿題も通信機器を使って提出することが増えています。オンライン上にある問題を解いて送信する宿題はもちろんのこと、絵日記など、手書きの作業が必要なものさえも、書いたものをスマホやタブレットを使って画像を撮り、そのデータを家からネットで提出するという具合です。

中学校では予習的に、単元の学習動画を見ることを宿題として出す学校も出ています。場合によっては先生がＹｏｕＴｕｂｅの限定公開機能を使い、自分で撮影した動画を載せているケースもありました。

お子さんが「動画ばかり見ている」と思っても、実は学校で出された宿題の視聴をしているだけかもしれません。それなのに、親から「動画ばかり見て！」と叱られたのでは、子どものやる気が萎えてしまいます。今の時代、親は叱る前に、子どもがどんな動画を見ているのか確認する必要があります。

アンテナpoint

「動画ばかり見て！」と叱る前に、どんなものを見ているのか確認を。意外と学習動画を見ている可能性もあります。

8　デジタル機器が起こした教育革命

今の子どもたちは驚くほど駆け足の授業を受けています。というのも、学ぶ科目は増えているのに、授業時間数は前と変わっていないからです。大人の仕事で例えるならば、時短勤務になったのに、業務量は増えているというのが現状です。

学校がまだ月に1度の土曜日休校日を設け始めた1992年の年間授業時間数を見ると、小学6年間で5785単位時間（45分授業）、中学校3年間で3045単位時間（50分授業）となっています。一方で、学校が完全に週5日制となった2002年の授業時間数は小学校で5367単位時間（45分授業）、中学校で2940単位時間（50分授業）となっていました。

学校のある日が減ったのだから、授業時間数も減るのは当たり前のことなのです。

ところが、今回の学習指導要領の改訂で、土曜月1休校だった時代と同等の時間数に戻されたのです。

実はこの学習指導要領に定められた時間というのは最低限、これだけは時間を取りましょうということで、上限ではありません。そのため、学校によってはすでに土曜日も登校として授業に当てる学校もあります。

教員側もＩＣＴ機器を使ってなんとか効率的に授業を進めていこうと、試行錯誤が始まっています。東京都にある私立聖学院中学の数学の授業を拝見すると、見事なまでに効率化がなされていました。

生徒が主体的に授業を受けるため、削られたのは教員が黒板に書くいわゆる板書の時間です。

「はい、前を見てください」

と担当教員が言うやいなや、パッと電子黒板に立方体の図形が浮かび上がります。そして、同じ内容が生徒の手元のタブレット画面にも映し出されました。

親世代の頃ならば、こうした図形はその都度、教員が大きな三角定規を使って黒板にチョークで描くというのがお決まりでした。

その間、生徒はひたすら先生が書き終わるのを待つのです。先生の描き出すその美しい線にうっとりするという利点はあれど、時間の無駄と言えば無駄でした。

ところが今はまさに〝秒〟で板書が行われるのです。教員が、

「あれ、ちょっとズレてるなぁ」

なんて言いながら描き直すこともありません。

無駄を省くことでできた時間は、子どもたちの対話的な学びへと還元されます。出された問題を隣の人とペアになって考えて解いていく姿が見られました。一人で黙々と問題を解くよりも、仲間と話し合いながら学ぶことで、脳への定着も良くなるそうです。

隣の子が出した答えに、

「そのやり方だと線がおかしなところにでちゃうよ」

アンテナpoint

宿題の提出もオンライン、予習、復習動画の視聴が宿題になることもあります。

と、疑問を投げかける子もいます。生徒同士の話し合いは思ったよりも活発です。

待ち時間が減ったことで、子どもたちはボーッとする時間などありません。全員がいきいきと楽しそうに授業に参加しています。数学の授業でグループワーク、親世代では考えもしないやり方で授業が進められています。

○ 親子ギャップ

勉強とは、苦しみながら学ぶのではなく、楽しんでナンボの世界。

学びの〝楽しさ〟を知った子ほど、自ら学ぶ子になります。

第3章

教育

大学入試改革

Q

大学に入るのが難しくなっているという話を聞く一方で、全員が入れる「大学全入」時代が来ているとも。正反対のことに思えますが、いったいどういうことですか?

A

親世代と入試で試される力が変わってきていますから、そこを「難しい」と感じる方も。そして、「大学全入」時代は志望大学に全員が入れるということではありません。

1 大学全入時代なのに難しいってどういうこと？

先日、友人たちと話していたら、こんな話題が上がりました。

「大学入試、推薦で行く人増えてるらしいけど、うちの学校はいまだに一般入試しか頭にないみたい。浪人も当たり前な校風で、大丈夫かなと思っちゃう」

「全入時代なんて言われるけど、これってどういう意味なんだろう……」

私も仕事で教育に関する取材をしていなければ、皆さんと同じ気持ちになっていたと思います。なんとなくキーワードは耳に入るのですが、詳しくは分からないなという人が大半ではないでしょうか。

中でも会話で出てきた大学入試は、特に大きな変化が起きています。この章は情報戦となりつつある大学入試について、見て行きたいと思います。

「大学入学定員厳格化」が巻き起こした現象

数年前のことですが、中学受験で大学付属校の人気が上がったことがありました。文部科学省が出した「大学入学定員厳格化」を促す通達をきっかけに「大学に入るのが難しくなる」という噂が流れ、中学入試に影響したのです。

大学に入るのが「難しい」という要因は、大きく二つありました。「大学入学定員厳格化」は東京など、一部の大都市圏の大学に受験者が集中してしまうことに歯止めをかけようと、国が2015年から呼びかけたものでした。背景に、地方の若者が都市部へ流出してしまうという問題がありました。

流出の一つの要因として考えられたのが進学でした。進学により大都市圏に出て行った若者が、そのまま大都市圏で就職すると、地方の働き手はますます減ります。労働人口が減少すれば、産業の継続は難しくなりますし、当然、その地方では税収も減ります。

そこで、掲げられたのが地方創生でした。各地域がそれぞれの持ち味、特徴を活かして自立的で継続できる社会を目標に、長期ビジョンが作られたのです。こうした背景を元に生まれたのが「大学入学定員厳格化」でした。

大都市圏、特に東京圏に大量の学生が流れてしまうことを避けようというもので、定員数を上回る学生を入学させた大学にペナルティを与えようという議論が起こったのです。ペナルティの具体的な策として考えられたのが、私立大学に対する私学助成金交付の見直しでした。

大学入試は複数の大学を受験することができるため、大学側は入学手続きの締め切り日まで、実際の入学者数を把握することはできません。合格を出しても他大学に流れる学生もいますから、私立大学ではそれを見越して定員よりも多めに合格を出すのが慣例でした。

国はここに目をつけ、定員はきちんと守ってくださいよという通達を出したのです。その大学の収容定員によって少し基準値が変わりますが、例えば、収容定員8000人以上の大学が1・1倍以上の入学者を入れた場合、ペナルティとして助成金を全て打ち切りますという具合です。

助成金の全額カットは大学にとっては大きな痛手となりますから、これは守るしかありません。通達は2015年に出され、ペナルティは2018年度にかけて段階的に行うようになっていました。

そのため、東京のマンモス校では定員以上の入学者が出ないよう、合格者数を絞る取り組みが始まりました。そして、人気の大学ほど入りにくい状況が生まれていったのです。例えば、早稲田《わせだ》大学の２０１６年度からの入学者数の変化を見ると、２０１７年度、２０１８年度の２年間で約７００人も減りました。

アンテナpoint

少子化ではありますが、都市部の人気大学は昔と比べて合格を出す数が減ったため、入りにくくなったとも言えます。

2 受験生の間に生まれた安全志向

定員がこれだけ絞られるのならば、チャレンジ校は避けようという思いが働いたのか、チャレンジ校を受けていたような層が、堅実路線を選ぶようになり、今までMARCH（明治・青山・立教・中央・法政）に入れた偏差値帯の子が、日東駒専（日本大学・東洋大学・駒澤大学・専修大学）でも合格が難しいという現象がおきました。そしてもう一つ、チャレンジ出願の減少を加速させた出来事がありました。それが、大学入試改革です。

長らく大学入試で活用されてきた大学入試センター試験（通称センター試験）が2020年度入試までで終わり、2021年度からは大学入学共通テスト（通称共通テスト）へと変更されることが決まっていました。

共通テストは新しい時代の教育に相応しい入試のあり方の実現を目指して作り出されたもので、センター試験とは問題の問い方、質が変わることが分かっていました。

センター試験が導入された1990年は、第2次ベビーブームの世代が大学入試を迎える年でした。どうやったら効率的に入試を行えるだろうかということが考えられた時代でした。

また、社会を動かすのはマンパワーが中心で、与えられた仕事をいかに正確に、素早くこなせるかなど、社会では処理能力の高さが求められていました。このため、センター試験でも、処理能力を求めるような問い方、作問がされていました。

ところが現在は違います。求められているのは技術との共存です。科学技術の発達により、正確に処理するような単純作業はAIができる時代になりました。人間に求められるのはそれを元に、課題や問題をいかに解決するかを考える力です。加えて、それを他者に伝える表現力も求められるようになりました。そのため、共通テストでは処理能力の高さではなく、いずれの科目も情報を読みとり、「なぜそうなるのか」を問うような問題となったのです。

アンテナpoint

社会の変化に合わせて入試で求められる力が変わっています。
単純作業はAIができる時代、人間にしかできないことは何かが問われる時代です。

3　数学の文章問題の変化

では実際にどのように変化しているのか、違いが分かりやすい数学の問題でみてみましょう。共通テストの数学の問題を見ると、中高一貫校の適性検査型入試でおなじみの太郎さん花子さん問題が出るようになりました。

太郎：キャンプ場の地点Aから山頂Bを見上げる角度はどれくらいかな。

花子：地図アプリを使って、地点Aと山頂Bを含む断面図を調べたら、図1のようになったよ。点Cは、山頂Bから地点Aを通る水平面に下ろした垂線とその水平面との交点のことだよ。

太郎：図1の角度θは、AC、BCの長さを定規で測って、三角比の表を用いて調べたら16°だったよ。

花子：本当に16°なの？　図1の鉛直方向の縮尺と水平方向の縮尺は等しいのかな？

二人の会話のやりとりを読んでから、問題を解いていくため、今まで以上に読解力も必要です。

出題傾向が変わったため、センター試験に合わせた勉強をしてきた生徒にとって、浪人することはかなりリスクの高い選択となりました。なんとかこれまでの試験方式で大学に入ろうという気持ちも働き、現役合格を目指す人が多くなり、中堅大学の合格難化現象がおきたのです。

アンテナpoint

共通テストはいずれの科目も読解力、思考力が今まで以上に求められるように。
少子化による「大学全入時代」とは、全員が志望大学に入れるということではありません。

数学Ⅰ・数学A

〔2〕 以下の問題を解答するにあたっては，必要に応じて 41 ページの三角比の表を用いてもよい。

太郎さんと花子さんは，キャンプ場のガイドブックにある地図を見ながら，後のように話している。

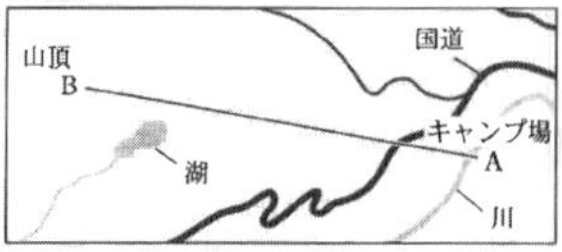

参考図

太郎：キャンプ場の地点Aから山頂Bを見上げる角度はどれくらいかな。

花子：地図アプリを使って，地点Aと山頂Bを含む断面図を調べたら，図1のようになったよ。点Cは，山頂Bから地点Aを通る水平面に下ろした垂線とその水平面との交点のことだよ。

太郎：図1の角度 θ は，AC，BCの長さを定規で測って，三角比の表を用いて調べたら 16° だったよ。

花子：本当に 16° なの？　図1の鉛直方向の縮尺と水平方向の縮尺は等しいのかな？

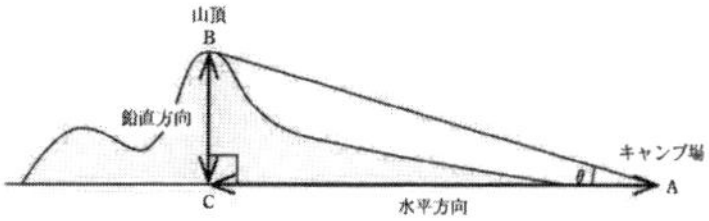

図　1

（数学Ⅰ・数学A第1問は次ページに続く。）

『令和4年度大学入学共通テスト「数学Ⅰ・数学A」本試験の問題』より抜粋（以下同）
https://www.dnc.ac.jp/

図1の θ はちょうど 16° であったとする。しかし，図1の縮尺は，水平方向が $\dfrac{1}{100000}$ であるのに対して，鉛直方向は $\dfrac{1}{25000}$ であった。

実際にキャンプ場の地点Aから山頂Bを見上げる角である∠BACを考えると，tan ∠BACは $\boxed{\text{コ}}$. $\boxed{\text{サシス}}$ となる。したがって，∠BACの大きさは $\boxed{\text{セ}}$ 。ただし，目の高さは無視して考えるものとする。

$\boxed{\text{セ}}$ の解答群

⓪ 3° より大きく 4° より小さい
① ちょうど 4° である
② 4° より大きく 5° より小さい
③ ちょうど 16° である
④ 48° より大きく 49° より小さい
⑤ ちょうど 49° である
⑥ 49° より大きく 50° より小さい
⑦ 63° より大きく 64° より小さい
⑧ ちょうど 64° である
⑨ 64° より大きく 65° より小さい

（数学Ⅰ・数学A第1問は41ページに続く。）

現在は入学定員の厳格化もある程度落ち着きを見せています。これに変わって目立つようになったのが「大学全入時代」という言葉です。

これは、少子化により、国公立を含む国内大学の入学定員の合計が、大学の出願者数を上回る現象を指す言葉で、国内大学全体の定員であるため、志望する大学に全員が入れるという意味ではないので、ご注意を。

4 「情報Ⅰ」の共通テスト必須化

もう一つ、入試の変化で大きなものに、「情報Ⅰ」の必須化があります。2025年度の共通テストから新科目として導入が決まっている「情報Ⅰ」は、すでに高校で授業も始まっています。親世代としては、馴染《なじ》みのないものですから、まずは、いったいどのような科目なのかを見ていきましょう。

「情報Ⅰ」とは、グローバル化や人工知能の発達により必要となった能力を養う科目として設けられたものです。文部科学省は教科横断的な学びの中で情報活用能力を身に付けさせようとしています。それを牽《けん》引《いん》するのが「情報Ⅰ」です。具体的には、下図の４つを学ぶようになっています。

これを見ただけでも、すでに親を超えていると思わずにはいられません。そして、「情報Ⅰ」で扱う内容は、デジタルネイティブの彼らにとって、生活する上でも欠かせない知識だと思います。

『情報Ⅰ』で学ぶ4つの項目

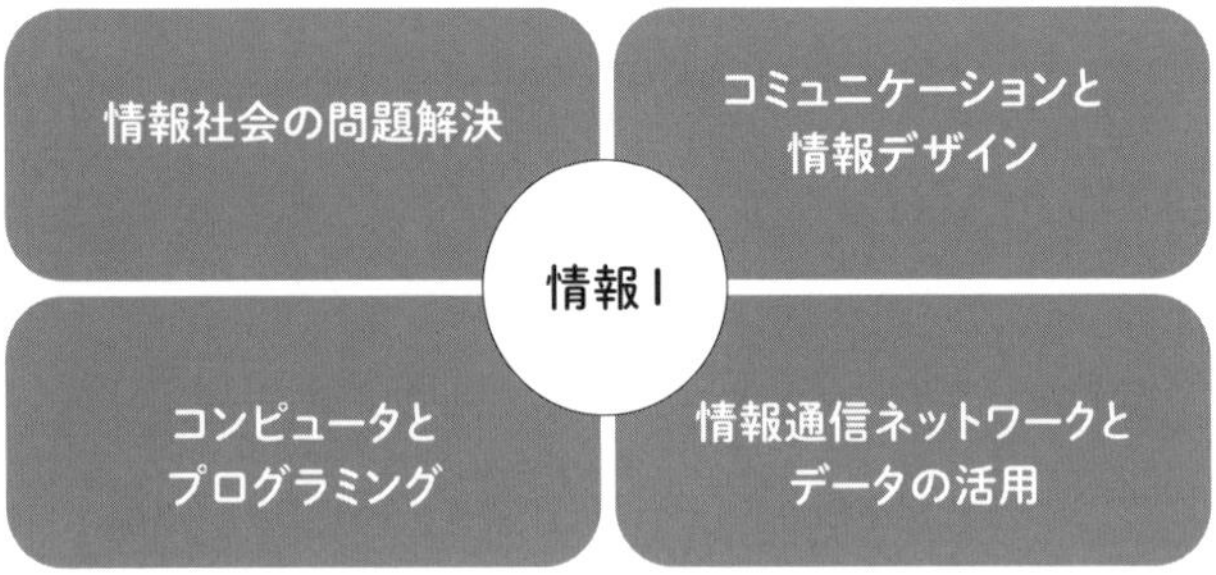

例えば、日常的に彼らが使うＳＮＳツール。誰もが情報の発信者となりました。今や小学生でさえこうしたツールを使います。情報を発信する側になるのは楽しさがある反面、危険とも隣り合わせです。

デジタルツールとの付き合い方についてはいじめ防止の観点もあり、実は小学生の段階から各学校で講座などの取り組みが行われているのですが、「情報Ⅰ」ではもう少し学問的に扱うようになります。

例えば、著作権について、著作権法の内容を学び、文章や写真などを引用する場合には法律に気をつけて使用しなければならないことも学ぶのです。また、コミュニケーションと情報デザインでは、数値や文字、画像、動画や音声データのデジタル化の仕方、圧縮の仕方など、技術的なことを学びます。

情報が溢《あふ》れる時代となっている今、子どもたちは多くのメディアに接します。コミュニケーションの手段や特徴として、メディアの特性や情報伝達手段についても学ぶようになっています。

情報を人々と共有するための方法として、トイレのマークなどに代表されるピトグラムや、複雑な情報を表や図、イラストを入れながら視覚的に伝えるインフォグラフィックス、人間とコンピュータがどのように関わるかについて考えるユーザインターフェイスなども学ぶのです。

これらの多くは大人の私たちが仕事の中でもよく使っているものですから、学校で本格的に学べる彼らが羨ましいほどです。発展的な取り組みをする学校では、すでにAdobe（アドビ）を駆使してスタイリッシュな資料を作る授業も行われています。

一方で、「情報」の取り方についての知識も身に付けていきます。ビッグデータが集められる時代になり、どの職業分野にもデータサイエンスが関わるようになってきました。

データサイエンスはデータを使って物事を科学的に分析し、活用するためのものですが、データの取り方、整え方の基礎も「情報Ⅰ」では学習します。データサイエンスを行うには、数字を0と1だけで表す二進法など、数学的知識も多くいるため、数学をおろそかにしていると理解できなくなる可能性があります。

「情報Ⅰ」を高校のどの学年で学習するかは各学校に委ねられています。高校1年生でカリキュラムに入っている学校がある一方で、2年生、3年生の2年間に分けて履修する学校もあります。

情　報　Ⅰ

（全　問　必　答）

第１問 次の問い（問１～４）に答えよ。（配点　20）

問１　インターネットを使ったサービス利用に関する次の問い（a・b）に答えよ。

a　SNS やメール，Web サイトを利用する際の注意や判断として，適当なものを，次の ⓪～⑤ のうちから二つ選べ。ただし，解答の順序は問わない。
［ア］・［イ］

⓪　相手からのメッセージにはどんなときでも早く返信しなければいけない。

①　信頼関係のある相手と SNS やメールでやり取りする際も，悪意を持った者がなりすましている可能性を頭に入れておくべきである。

②　Web ページに匿名で投稿した場合は，本人が特定されることはない。

③　SNS の非公開グループでは，どんなグループであっても，個人情報を書き込んでも問題はない。

④　一般によく知られているアニメのキャラクターの画像を SNS のプロフィール画像に許可なく掲載することは，著作権の侵害にあたる。

⑤　芸能人は多くの人に知られていることから肖像権の対象外となるため，芸能人の写真を SNS に掲載してもよい。

独立行政法人大学入試センター　『令和７年度大学入学共通テスト 試作問題「情報Ⅰ」』より抜粋（以下同）　https://www.dnc.ac.jp/

b　インターネット上の情報の信ぴょう性を確かめる方法として，最も適当なものを次の ⓪～③ のうちから一つ選べ。 ウ

⓪　検索エンジンの検索結果で，上位に表示されているかどうかで判断する。

①　Q&A サイトの回答は，多くの人に支持されているベストアンサーに選ばれているかどうかで判断する。

②　SNS に投稿された情報は，共有や「いいね」の数が多いかどうかで判断する。

③　特定の Web サイトだけでなく，書籍や複数の Web サイトなどを確認し，比較・検証してから判断する。

問2　次の文章の空欄 [エ]・[オ] に入れるのに最も適当なものを，後の解答群のうちから一つずつ選べ。

データの通信において，受信したデータに誤りがないか確認する方法の一つにパリティチェックがある。この方法では，データにパリティビットを追加してデータの誤りを検出する。ここでは，送信データの 1 の個数を数えて，1 の個数が偶数ならパリティビット 0 を，1 の個数が奇数ならパリティビット 1 を送信データに追加して通信することを考える。例えば，図 1 に示すように送信データが「01000110」の場合，パリティビットが 1 となるため，パリティビットを追加したデータ「010001101」を送信側より送信する。

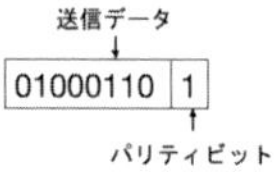

図 1　送信データ「01000110」とパリティビット

受信側では，データの 1 の個数が偶数か奇数かにより，データの通信時に誤りがあったかどうかを判定できる。この考え方でいくと，[エ]。

例えば，16 進法で表記した「7A」を 2 進法で 8 ビット表記したデータに，図 1 と同様にパリティビットを追加したデータは，「[オ]」となる。

いったい、試験ではどんな問題が出るのか？と、気になる人もいるでしょう。右にあるのが、大学入試センターが公開した試作問題ですので、参考にしてみてください。

アンテナpoint

「情報Ⅰ」は社会を生きるために必須となったデジタルツールの活用術、リテラシーを学ぶ時間。会社の会議で使えるくらいクオリティの高い資料を今の子どもはサクサク作れるようになります。

5 大学入学者の半数以上が推薦型の入試

大学受験で一般入試の枠が減り、推薦入試が増えるという話題を見聞きすることが増えています。「大学全入」時代同様に誤解を招いている部分があるので少し細かく見ていきましょう。

親世代が大学入試を経験した頃は、テストによる一般選抜試験（一般入試）や、大学センター試験などによる入学者がほとんどでした。しかし現在はこの状況が大きく変わってきています。

文部科学省が大学入学者を対象に調査をしたところ、2022年度は推薦型の入試による入学者が50・3％と、はじめて半数を超えました。推薦型の入試は「学校推薦型選抜」と「総合型選抜」という二つに分けることができます。年内に合否が出ることが多いため、「年内入試」という呼び方をされることもあります。

テスト一発勝負の入試と違い、高校時代の成績や活動の評価、実績、大学に入学後の意欲を元に合否を決めていくものです。「学校推薦型選抜」は、生徒が学校からの推薦を受けて出願する入試のため、学校の成績が非常に重要になります。そして、学校推薦型選抜の中にも、指定校推薦と、公募推薦の二つの種類が存在します。

指定校推薦は、大学側が指定した高校のみに募集がかかるため、全ての学校の生徒にチャンスがあるわけではありません。また、各学校に与えられている定員枠は大学付属校を除くと非常に少なく、その学校に与えられた枠が一人ということもあります。同じ高校内に希望者が複数人いた場合、校内審査を勝ち抜く必要があります。

校内の競争に巻き込まれる可能性はあるものの、指定校推薦の場合、大学は指定した高校の学力や教育を高く評価しているため、こういう教育で育った生徒にぜひうちの大学に来て欲しいという思いがあります。指定校推薦の出願者が不合格となる可能性は低いため、第一志望校の指定校推薦をもらえるのなら、ぜひ出願してほしい入試です。

一方、公募推薦はどの高校からでも出願することが可能です。しかし、指定校推薦とは違い、不合格者も多く出ます。

これら学校推薦型選抜は高校時代の内申平均点が必要となります。内申点の基準は3・8以上や、4・0以上など、大学により異なります。また、高校3年生の成績だけでなく、高校1年生からの内申平均点を求める大学もあります。

アンテナpoint

学校推薦型入試は大きく分けて二つで、いずれも学校（校長や担任など）の推薦書が要ります。
指定校推薦は合格の可能性が高いのですが、公募推薦は不合格になることもあります。

学校推薦型選抜の場合は、これに加えて学校の校長などによる推薦書が必要です。

　指定校推薦は、合格したら必ずその大学に入りますという「専願」を求めるところが多いので、滑り止めに受けることはできません。また、公募推薦であっても専願を求める大学もあります。特に関東の大学はこの傾向が強いので、出願の際はここにも注意が必要です。

6 総合型選抜入試とは

「総合型選抜入試」と聞いてもピンとこないという親御さんも、ＡＯ入試はどうでしょうか?　ＡＯ入試とは、テストの成績だけでなく、本人の学ぶ意欲、進みたい学部で欲している学生像とマッチしているかを評価に加えて合否を出す入試です。入学前の段階で、大学との相性を見るお見合いのような入試ですが、今はこれを「総合型選抜入試」と呼ぶようになっています。

昔はＡＯ入試で入学する学生の割合が低かったので、この入試を知らないという方もいるかもしれません。しかし今は冒頭でお伝えしたように、推薦型の入試で大学に入学する生徒の割合が増えていますから、お子さんたちが総合型選抜を利用する可能性は昔よりもはるかに高くなっています。

講義を受けてから試験を受ける新しい入試

総合型選抜も、学校の内申点の基準があります。さらに、小論文や面接、プレゼンなどなど、大学により求められるものが違ってきます。お見合いのような入試と書きましたが、大学側は「この生徒は本当にうちの大学に入りたいのか」を見極めるため、かなり特殊な課題を求めるところもあります。

指定単元と学習所要時間のめやす（経済学部の場合）

科目	単元分野	学習所要時間
数学 I	データの分析（データの散らばり）	5～6時間
	データの分析（データの相関）	2～3時間
数学 A	場合の数と確率（確率）	4～5時間
数学 II	指数と対数（指数・対数の応用）	1～2時間
	整式の微分法（微分法の応用）	3～4時間
	整式の積分法（積分と面積）	5～6時間
数学 B	数列（Σの計算）	3～4時間
	数列（いろいろな数列）	3～4時間
合計		26～34時間

『立命館大学 UNITE Program 学部指定単元AI学習プログラム』をもとに作成
https://www.ritsumei.ac.jp/uniteprogram/

例えば、立命館大学では、経済学部、スポーツ健康科学部、食マネジメント学部、薬学部の4つの学部で、指定単元の学習を終えた人にのみ出願資格があるという入試を始めています。

この入試はAIを活用した学習活動を支援しているatama plus株式会社と共同で開発したもので、それぞれの学部が入学前に身に付けておいて欲しいと考える科目、単元を具体的に学んでもらうものです。

講座を視聴して終わりではなく、単元ごとにテストを受けて、修得認定試験を突破した人だけが出願資格を得られます。

アンテナpoint

推薦入試は学力は関係ないというのは昔の話、今は学力もしっかり必要です。

いかがでしょうか。昔は推薦入試といえば、学力はちょっと届いていないけど、一芸に秀でた生徒が入学するというイメージもありましたが、総合型選抜では学力もしっかりと問われる時代になっています。

数学は他大学の入試でも役立ちますので、可能性が広がるという見方もできますが、この入試は倍率が高いため、一般入試に向けての準備も怠ることはできません。

総合型選抜の場合、他大学との併願を許している大学もありますから、一般入試の前に合格を1校取っておきたいという人も利用できる入試ではあります。ただし、準備に時間がかかるものが多いため、学力が達していない人が受けるには、リスクもあることを知っておく必要があります。

○親子ギャップ

大学入試は一般入試よりも推薦型入試での入学者の方が多くなっています。絶対現役で進学!と思うなら、推薦型入試も視野に入れておきましょう。

第4章

生活

子どもたちを取り巻く変化

Q

小2の息子が、「みんなオンラインゲームやってるからやらせてほしい」と何度もせがんできます。本当にみんなやっているのでしょうか。

A

全員がやっているとは言えませんが、小学生(特に男の子)の間では、推奨年齢15歳以上のオンラインゲームが流行っています。暴力的な表現には注意が必要です。

1

公園で遊ぶより家からオンラインゲームでつながる

5時のチャイムでバイバイはもう古い？

ある日、小学5年生の男の子たちが約束したのは、とっぷり日も暮れた午後7時。夜の公園なんて心配……と思いきや、集合場所は流行りのオンラインゲームの世界です。下校が早ければ帰ってすぐの「午後1時集合」という日もあります。

「じゃ、7時集合な。忘れんなよ」

〝うるさい親が帰ってくる前〟は彼らのゴールデンタイム。ゲーム好きの誰かを中心に「入れる時間に来て」と、午後10時頃までゲームを続ける日もあります。塾や習い事で多忙な小学生たち。どうにか隙間時間を縫って仲間と遊べる方法を編み出しているのです。こうして同じ学区内に住んでいてもリアルに顔を合わせず、仮想空間でつながる遊び方が主流になっています。

この10年で親の悩みが変わった

とある小学校の話です。10年ほど前まで、小学生男子が放課後に集まる場所といえば住宅街にある公園でした。彼らの持ち物はサッカーボールとゲーム機、トレーディングカード、スナック菓子。肩を寄せ合い、オフライン（ローカル通信）で対戦ゲームを楽しみ、気が向けば鬼ごっこやサッカー、カードゲームをする。これが定番でした。そんな様子を保護者たちは「もっと体を動かす遊びをしてほしい」と心配していました。

ところがです。かつて5時のチャイムまでにぎわったその公園も、今では人影がまばらに。広場でのサッカーが禁止されたことと並行して、子どもたちはリアルに会わなくても遊べるオンラインゲームに夢中になっていきました。同じ町内、同じマンションに住んでいても「ゲームの中で○時」に集まります。

会話は電話ではなく、マイク付きヘッドホンを通してボイチャ（ボイスチャット）で楽しむように。保護者の心配事といえば、「誰と遊んでいるのか分からない」「放課後一歩も外に出ない」「夕飯になってもゲームをやめない」。この10年で保護者の悩みも大きく変わりました。

ゲームにはまりやすい男の子とSNS好き女の子

ここでいう〝子どもたち〟とは、ほとんど小中学生男子のことです。各種調査からも、男子はゲームにはまりやすいことが明らかになっています。女子もゲームを楽しむ子はいますが、どちらかというとSNSにはまる傾向にあります。ゲームの課金トラブルや人間関係トラブルを起こしやすいのは、圧倒的に男子が多いです。

女子は男子よりＬＩＮＥやＴｉｋＴｏｋなどのＳＮＳサービスの利用率が高いです。ＳＮＳトラブルもたくさんあります。「中学生の娘がうちで撮影したダンス動画をＴｉｋＴｏｋにアップしたら、窓の外の景色丸見えで住所が特定された」という実例も。ＮＴＴドコモの「モバイル社会研究所」の調査（注①）によると、小学校高学年のＳＮＳ利用率は男子が約４割であるのに対し、女子は約６割です。

小中学生が当たり前のように楽しんでいるＴｉｋＴｏｋやＩｎｓｔａｇｒａｍですが、利用規約では13歳以上しかアカウントが作れないことになっています。小学生の投稿が親の管理下でないことが運営側にばれるとアカウントが削除されますが、現実にはどこまで親の目が行き届いているかはグレーです。ＬＩＮＥの推奨年齢は12歳以上です。

SNSの利用状況（性学年別）

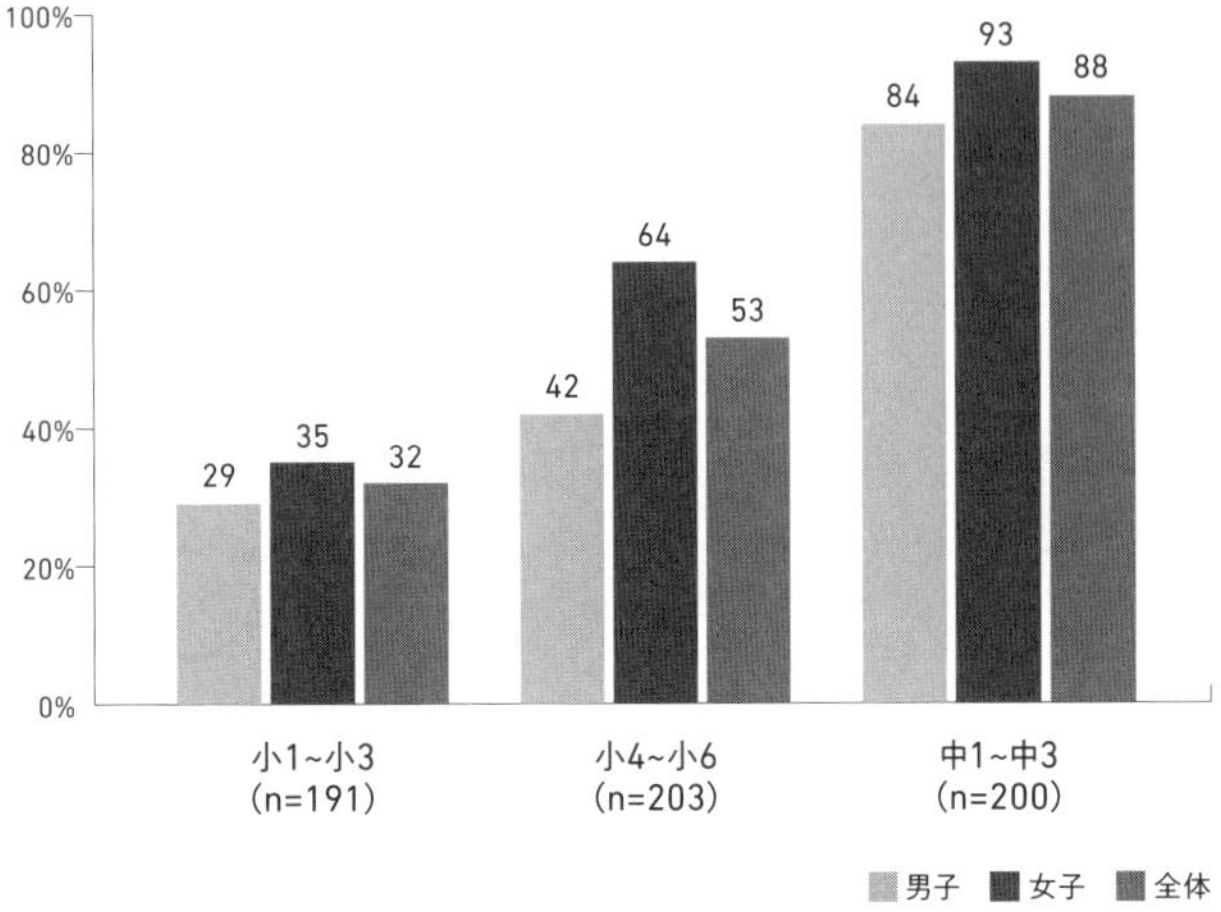

NTTドコモ「モバイル社会研究所」『モバイル社会白書 2023年版』をもとに作成
https://www.moba-ken.jp/whitepaper/wp23/pdf/wp23_all.pdf

コロナ禍で広まったオンラインゲーム

オンラインゲームは２０１０年代後半から小学生の間でも流行り始めていたものの、コロナ禍のステイホームを機に子どもたちの世界で一気に広がりました。ある小学校の女性教員は、

「『スプラトゥーン』が流行り始めた２０１７年頃からオンラインゲームの話はよく聞くようになりました。その頃から子どもたちの遊びがガラッと変わり始めたという印象があります。それから一斉休校になって、オンラインゲームの流れが加速しました」

と振り返ります。

ステイホームとなった２０２０年春。

「みんなやってるから買ってよー」
と子どもに泣きつかれて親が根負けし、オンライン機能のあるゲーム機デビューを果たした小学生がたくさんいました。または保護者が使わなくなった〝お下がりスマホ〟を自宅のＷｉ－Ｆｉにつないでオンラインゲームデビューした子どももたくさんいます。

ある取材で話を聞いた低学年男子のお母さんは、「まだゲームを与えるのは早い」と慎重派でしたが、「コロナ禍で会えない友だちとつながれるなら」という切実な理由でゲーム機を買い与え、その後ゲーム依存気味な生活に悩んだといいます。

こうした事例は決して珍しくありません。しかし、オンラインゲームはステイホームを強いられた子どもたちの救世主でした。時間を持て余す多くの子どもたちが、家にいながら友だちとつながれるオンラインに救われたのは事実です。

小学生の人気ゲームは「推奨年齢15歳以上」

小学生男子の間で爆発的な人気を誇るゲームは、脳の神経伝達物質ドーパミン大放出のバトルロイヤル系のゲームです。流行しているオンラインゲームの一部は、暴力的な表現などがあるため「推奨年齢15歳以上」としています。これはゲームソフトの倫理審査機構「ＣＥＲＯ」が審査しています。ですが小学生達も当たり前のように遊んでいます。刺激的で夢中になれるので大人気です。ゲーム自体は無料ですが、魅力的なアイテムを購入するには課金する仕組みになっており、これが深刻なトラブルの火種となりやすいのです。

ゲームの猛者《もさ》が学校でもヒーローに

ご自身の小学生時代を思い出してみてください。クラスのヒーロー／ヒロインは、どんな子だったでしょうか。スポーツ万能の子だったでしょうか。勉強ができる子だったでしょうか。はたまた美形の子だったでしょうか。今はそれらに加えて「猛者」（ゲームに強い人をそう呼びます）が、学校でも一目置かれる存在となっています。

例えば親子でゲームにはまっている家庭はゲームに費やす金額が高く、アイテムを大人買いしたり、最新ソフトを発売日に購入したりすることもあり、子どもたちの羨望の的となります。また、ゲーム時間に制限のない家庭の子は人より腕を磨けるため、ゲームの世界では猛者となっていきます。ゲームにのめり込み過ぎるとゲーム障害という深刻な病気になるのですが、これは後ほどお伝えします。

こうした序列がゲームの世界だけに留まらず、学校の世界にもつながっていきます。ゲームは子どもたちのリアルな世界にも影響を与えます。例えば「前日のゲームであおられたから、朝登校してすぐに友だちを殴った」「ゲームで卑怯な真似《まね》をされたから学校で無視をした」「ゲームで負けたから、課金してアイテムを奢《おご》らされた」という実例もあります。現実世界と仮想世界がリンクしていることも、今の子どもたちの世界の特徴の一つと言えるでしょう。

「朝ゲー」で登校前からゲーム

早朝からオンラインゲームを楽しむ子どもたちもいます。朝のゲームを「朝ゲー」と呼び、親が寝ている時間を狙って朝4時に友だちと待ち合わせたり、時差のある海外のオンラインゲーム大会に出場したりします。朝から覚醒するので「朝の支度がスムーズになった」と喜ぶ保護者もいます。

ところが朝ゲーを始めると睡眠不足に陥る傾向に。早寝早起きならよいですが、多くは睡眠時間を削ってまで早起きします。寝不足では授業にも集中できません。朝からゲームのことで頭がいっぱいなので、「朝からゲームの話しかしない」「授業中も頭の中でゲームのシミュレーションをしている」というのが実態です。この場合の早起きは一文も得をしません。

ペアレンタルコントロールの活用を

もちろん全員がそうではありません。節度を持ってゲームを楽しむ子どももたくさんいます。ですが、使い方は各家庭に委ねられています。親の端末から利用状況を確認したり、フィルタリングを設定する親のコントロール（ペアレンタルコントロール）は必須です。親が管理している家庭とそうでない家庭によって、子どもたちの生活の二極化が進んでいます。それが今の小学生のリアルです。

アンテナpoint

放課後は直接会わずにバーチャルの世界で待ち合わせ。会話はボイチャで楽しみ、夜や早朝にゲームで遊ぶ小学生も。利用制限するペアレンタルコントロールがカギです。

2 IDでつながる子どもたち

「子どもの友だちの名前と連絡先が分からない」

小学校に入学してしばらくは、こんな困りごとに直面するかもしれません。日本では小学1年生から子どもだけでの外遊びを許す家庭が多いですが、低学年のうちは上手に約束できないことがしばしばあります。

「ただいまー！　今日、はる君と公園で遊ぶ」

とごきげんで帰ってきたピカピカの1年生のA君。でも集合場所と時間が曖昧《あいまい》です。A君のお母さんが相手の親に確認しようとしましたが、困り果ててしまいました。なぜでしょうか。

学校で連絡網や名簿が配布されないからです。

相手の親の連絡先が分からない、そもそも相手の顔や名前すらはっきり分かりません。クラスに「はる君」は3人。はる君なのか、はると君なのか、はるき君なのか。息子に聞いても首をかしげるだけ。「公園」といってもどこの公園なのかもはっきりしません。

結局親子でいくつかの公園を回って「はる君」を探したものの、午後5時までに見つけることができませんでした。この日、たまたま仕事が早番だったA君のお母さんは、もし仕事で自分がいなかったらと心配します。

「もし私が不在の日だったら、きっと一人で公園をうろうろすることになっていたと思います。GPSは持たせていますがとても心配です。どこかで待っていたはる君のことも心配でした」

個人情報保護とデジタル化の影響

今や私たちの暮らしに欠かせないスマホですが、国内で急速に普及したのはこの10年ほどのことです。スマホが発売される少し前の2005年、個人情報保護法が全面施行されました。スマホ・LINEの普及と個人情報保護という二つの波が同時に押し寄せ、子どもたちを取り巻く情報環境は大きく変わりました。

最初の大きな変化は連絡網が消えたことでした。私の子育て経験から言うと、2014年度まで小学校のクラス連絡網は存在していました。しかし、個人情報保護への意識の高まりとLINEの普及によって連絡網は役割を終え、ひっそりと姿を消しました。クラス名簿も同様です。こうして親たちは子どものクラスメイトのフルネームと連絡先を知る手段を失ったのです。

コロナ禍で連絡アプリを導入する学校も急増しました。ペーパーレス化が進み、学年便りや教育委員会からのお知らせ、給食の献立さえも、紙のプリントではなくデータで届くようになりました。ペーパーレス化は環境面、経済面への配慮もありますが、働き方改革の一環で「先生の仕事を減らすため」という側面も大きいです。第2章でもお伝えしましたが、学級通信や学年便りを廃止する、通知表の回数を減らすなど、学校からの発信は確実に減少しています。毎日の時間割をオンラインで配信する学校もあります。

保護者からは賛否両論あり、「プリント地獄がなくなった」「子どもがお便りを渡し忘れて困ることがなくなった」と称賛する声がある一方、「学校の様子がよく分からない」「データで来るお知らせはしっかり読まない」という指摘もあります。さまざまなオンライン化で学校と保護者の距離は以前より開いています。幼稚園や保育園時代との違いに慣れるまで、物足りなさを感じるかもしれません。いずれにしろ、学校の情報環境はこの10年で大きく変わったのです。

冒頭のＡ君の事例のように困ることはよくあります。言い換えればママ友とつながっていることが、子どものコミュニティ形成にも関わってきます。やはり親同士が自主的に連絡先を交換するしかありません。お迎えや授業参観、役員会で会った時に声を掛けてＬＩＮＥ交換したり、友人に紹介してもらったりして地道に連絡先をゲットします。

「年度始めに張り出されるクラス発表の一覧表をスマホで撮って、名簿代わりに記録しておく」という保護者もいますが、撮影を禁止する学校もあるようです。

ところがコロナ禍ではこれらの方法も困難になりました。感染予防のため入学式では私語禁止。学校行事は次々に中止され、授業参観やＰＴＡ会議はオンライン化。親同士が知り合う機会が急減したのです。現在もまだ学校行事は簡略化されています。

子ども同士でつながれる「ＩＤ」

でも子どもたちは知っています。親を介さず連絡を取り合う方法があるのです。

「ID」です。

ゲームやLINEのIDやユーザーネームさえ知っていれば、子ども同士簡単につながることができます。大変便利な機能ですが、親はリスクも頭に入れておかなくてはなりません。学校の友だちならいいですが、塾の友だち、友だちの友だち……と子どもの世界は広がっていきます。簡単に見知らぬ大人や海外のユーザーとつながることもできます。オンラインゲームの先にはグローバルな世界が広がっています。

「全く知らない大人の声がゲームから聞こえてきて、怖くなった」

「知らない地方の子に子ども部屋の写真を送ろうとしていたので止めた」

というリアルな保護者の声も取材で聞いてきました。

とはいえ、ネット断ちは不可能な時代です。大切なのは親が寄り添うことです。子ども同士でつながれる時代だからこそ、親子のコミュニケーションを大切にし、一緒に楽しみながらリスクについて繰り返し伝える必要があります。

友だち関係が密になり過ぎるつながり

ここで問題です。2023年11月時点の小学6年生のスマホ所有率は何%でしょう。

答えは65%です。6年生で半数を超えています。NTTドコモの「モバイル社会研究所」の調査（『2023年親と子の調査』）によると、緊急事態宣言のあった2020年を境に小学生全体のスマホ所有率が急増していることが分かります。高学年で4割超が自分専用のスマホを所有しています。スピード感を持って、「スマホのある暮らし」が子どもの世界でも標準化してきているのです。

ネット＝悪ではありません。しかし、常に誰かとつながる現代を生きる子どもたちを見ていると、親世代が感じなかった心の忙《せわ》しなさを感じます。

小学6年生女子のＫさんもその一人。母親の〝お下がりスマホ〟を譲り受けたのは小学5年生の時。それからどハマりし、毎晩遅くまでスマホを手放せなくなりました。学校から帰ってすぐスマホを手に取りＬＩＮＥの確認が始まります。

今は小学生でもクラスのグループＬＩＮＥがある時代。でも情報モラルやリスクについて理解しきれていない子たちは、なかなかお行儀よく使えません。

「グループに入れてもらえない」「裏グループで悪口を言われた」「グループＬＩＮＥで勝手に写真を流された」と日々の悩みは尽きません。「既読スルー」は責められるので「未読スルー」することも。そのうち、家での食事中も入浴時も就寝時もスマホが手放せなくなり、親子関係は険悪に……。

Ｋさんのような事例が後を絶ちません。スマホでつながる楽しさもあるのですが、四六時中友だちとつながっていると心を休めるタイミングを失い、息苦しくなることもあります。本来ならば、家と学校は区切られた場所です。学校ではいろいろなことがありますし、子どもなりに気を張って過ごす日もあります。そんな緊張感から解き放たれるのが家です。

ところが帰ってからも人間関係のつながりが続くと、家族との会話も減りますし、気持ちの切り替えが難しくなります。昔なら通話料を気にしたものですが、今はＷｉ－Ｆｉさえあれば気にする必要もありません。ずっと走り続けるマラソンだと考えると分かりやすいかもしれません。子どもの心が息切れしていないか、親が気に掛けてあげることも、令和の子育てに欠かせないポイントになっています。

さまざまな人生経験を積み、年月をかけて学ぶはずだった人とのつき合い方。それを知る前に、ネットというツールに子どもが遭遇してしまう時代です。情報という荒波を進む大航海時代に子育てしている、といっても過言ではありません。お子さんが「ID」や「アカウント」を持つ前に、親子でルールを話し合っておくことをおすすめします。

アンテナpoint

親同士が連絡先を知らなくても、「ID」だけで子ども同士簡単につながることができます。過剰なやりとりで子どもの心は疲れます。友だちとの適切な距離が大切です。

3 子どもの「不活動」

ボールが遠くへ飛ばない。高くジャンプできない。都内の公立小学校の女性教諭は、教え子たちの体力テストの結果を見て驚きました。

「ボールが飛ばなくなったのは、ボールを思いっきり投げる経験が少ないからだと感じます。だから投げ方を教えると伸びるんです。ジャンプの経験が少ない子も目立ちます。『マンションに響くから家の中でジャンプしたらダメ』と言われて育ったある子どもは、本当にうまくジャンプできません。全体的に経験不足だと感じています」

コロナ禍で小中学生の体力低下が顕著に

子どもの体力低下はデータに表れています。スポーツ庁は毎年、全国の小学5年生と中学2年生の体力や運動能力の調査を行っていますが（注②）、上昇傾向にあった「体

中学校体力合計点の状況

【男子/体力合計点】

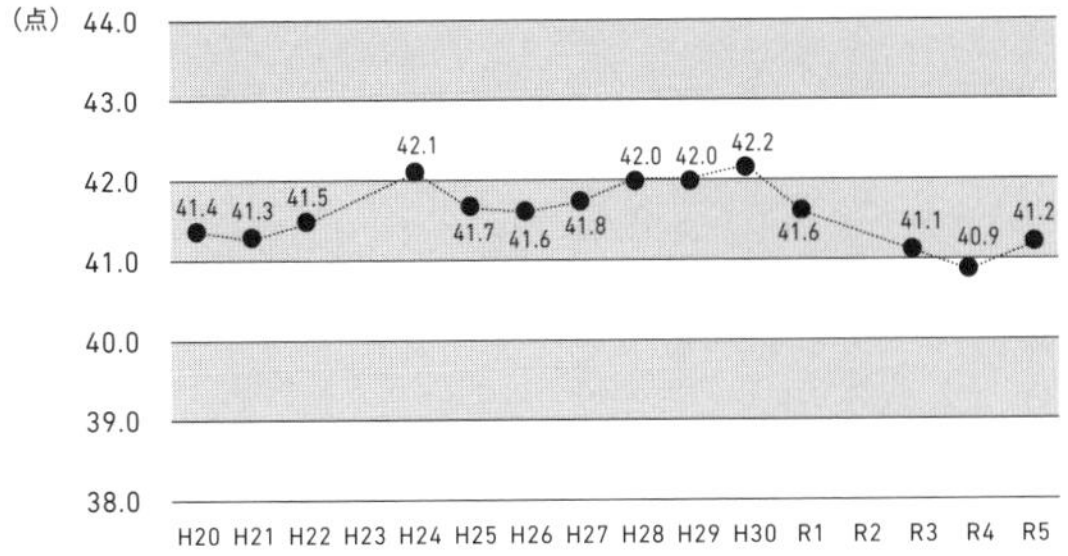

【女子/体力合計点】

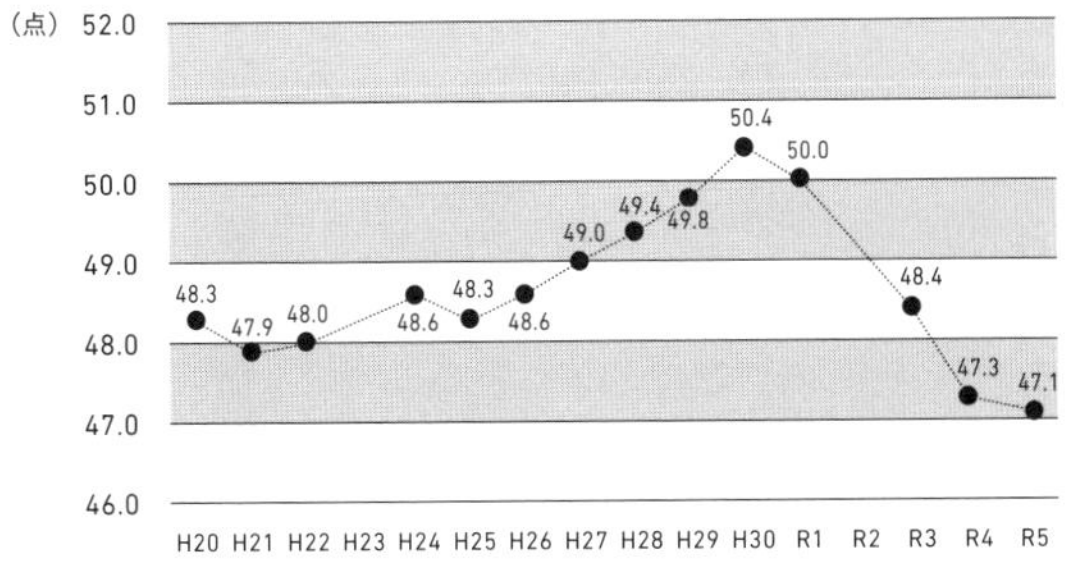

スポーツ庁　『令和5年度 全国体力･運動能力、運動習慣等調査結果（概要）』（体力合計点）をもとに作成
https://www.mext.go.jp/sports/content/20240115-spt_sseisaku02-000032954_11.pdf

力合計点」がコロナ禍を機に低下し、影響が浮き彫りになりました。巣ごもりムードが落ち着いた現在は少し回復傾向にあるものの、以前の水準には届いていません。特に中学生女子の体力低下は顕著です。スクリーンタイムの増加とともに放課後を自宅で過ごす子どもが増え、木登りや鬼ごっこなど、外遊びの中で自然に培う体力（調整力）がつきにくくなっていることが懸念されています。

放課後はインドア派の子どもが増える中、「学校でも運動をする機会が減った」と懸念する教員や保護者の声もあります。学校で恒例だった体育行事が短縮、中止になるところが増え、その準備に費やす運動量も減少しています。例えば運動会。以前はお弁当持ちで丸一日楽しんだものですが、コロナ禍をきっかけに「午前のみ、お弁当なし」で短縮する学校が増えました。

その分ダンス種目が消え、それに伴う練習の機会を失った小学校もあります。「リズムに合わせて体を動かせない子が増えた」と感じている教員も。陸上大会や球技大会、マラソン大会を廃止する学校や、プールの老朽化などを理由に水泳の授業自体を廃止する学校も増えてきました。

朝の時間を活用した運動遊びも減りました。背景には「教員の働き方改革も関係している」と元校長の男性は指摘します。

「朝の運動遊びのために、教員が早く出勤して校庭にラインを引き、コーンを並べるとなると、『これも勤務時間だ』と言われるようになりました。それで朝の運動に代わって朝読書が取り入れられるようになり、朝学習にも代わり、いつしか朝の運動はなくなってしまいました」

と肩を落とします。

0《ゼロ》時間体育の効果を実感

　しかし、こうした朝の運動は見直されてきています。始業前の15分間、外で体を動かす「0時間体育」を実施すると、「授業の入りがよくなる」「正解数が増える」という学校現場からの報告があります。子どもの体力や運動発達について詳しい順天堂大学、鈴《すず》木《き》宏《こう》哉《や》先任准教授によると、始業前に体を動かすことで集中力が高まるといいます。

「さまざまな研究で運動と脳の関係は明らかになっています。脳の機能でいうと、注意・集中を司《つかさど》る前頭前野が運動をすると活性化されます。『0時間体育』は脳科学的にも理にかなっています。朝読書も大切ですが、朝の15分間は体を動かして『遊ぶ』と、1時間目の集中力がより高まります。校庭や体育館、教室、どこでもいいですから、15分間体を動かすだけで効果を発揮します。朝の運動を取り入れるかどうかは学校管理者の考え方次第です。業間や昼休みに縦割り活動（高学年が低学年と交流する活動）

として、校庭で運動遊びを企画する学校もあります」（鈴木氏）

大人の積極的な関わりがカギ

運動量を確保しにくい時代を生きる子どもたちにとって、大人の積極的な関わりが体力向上のカギとなっています。つまり、大人がいかに子どもに運動の機会をお膳立てしてあげるかが重要です。

「ある程度経済的な余裕があって、親の意識も『運動させないと』というところに向いているご家庭では、習い事として意図的に運動する時間を大人が作って送り出しています。そういう状況でないと、なかなか運動量を確保しにくい時代になっているからです。習い事やスポーツクラブ、部活動といった何らかの組織に所属して、大人が施設の管理や予約、スケジューリング、時間の調整をしてあげる。こうした組織に所属している子と、所属していない子の体力差は広がっています」

と鈴木氏は指摘します。

　では具体的に保護者はどんなサポートができるのでしょうか。鈴木氏の話をもとにまとめました。

・親が子どもと一緒に活動する

一緒に遊ぶ・運動することで、子どもの活動を促します。ハードルが高いと感じる人は、外へ連れ出すことから始めてみましょう。

・子どもが活動する場所まで送迎する

送迎だけでもサポートになります。少し早めに迎えに行き、子どもががんばっている様子を見学するのもおすすめです。

アンテナpoint

外遊びが減り運動量が確保しづらい時代。習い事や部活で「運動する子」と「運動しない子」の体力差は広がるばかり。保護者の意識が子どもの体力を左右します。

・子どもが体を動かすことを称賛する

仕事の都合や経済的理由で送迎が難しい場合は、子どもが取り組んでいる活動を褒めてメンタル面をサポートします。

こうした家族の関わりが、子どもの身体活動量を維持・向上することにつながります。

4 ネット漬けになってしまう子の特徴

オムツやミルクと並んで、スマホ・タブレットは令和育児の必須アイテムです。予防接種の管理や育児日記もアプリで完結できます。待ち時間や長距離移動時など、子どもに静かにしていてほしい時のお助けアイテムでもあります。私も育児中はずいぶん助けられました。

デジタル機器はすっかり暮らしに溶け込んでいますが、親が使い方・与え方を誤ると、その先に待っているのは抜け出せない泥沼です。ひとたびネットの世界にのめり込むと、楽しいはずの子育てが100倍も1000倍もつらくなってしまいます。

ここで問題です。インターネットの利用率が6割を超えるのは何歳からでしょうか。

答えは2歳です。

子どものインターネット利用率を調べた内閣府の調査（令和4年度、執筆時最新データ／注③）では、2歳で6割を超えています。1歳でも約3割が利用しています。

乳幼児から楽しめるゲームアプリもあり、小さな手でスマホ画面を上手にスワイプし、ゲーム機のボタンを操る姿にはいつも驚かされます。動画やゲームを通して覚え

インターネット利用率（年齢別）

■ 令和4年度保護者による回答

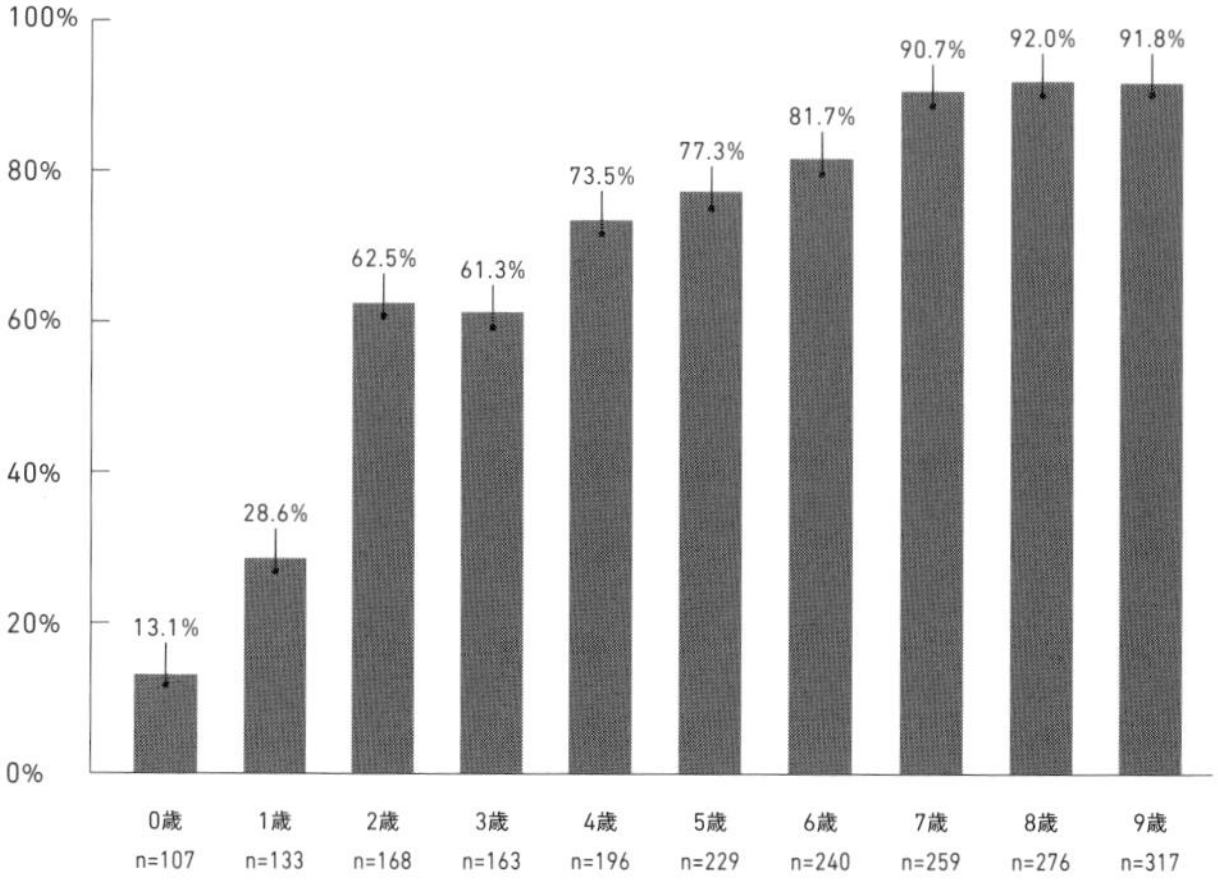

内閣府『令和4年度 青少年のインターネット利用環境実態調査　調査結果（概要）』をもとに作成
https://warp.da.ndl.go.jp/info:ndljp/pid/12927443/www8.cao.go.jp/youth//kankyou/internet_torikumi/tyousa/r04/net-jittai/pdf/kekka_gaiyo.pdf

る言葉や遊びもあり、親が正しく与えていれば心配はありません。

乳幼児でもネット依存傾向が

ところが街を見渡してみると、親が危うい使い方・与え方をしている場面をよく目にします。実際に公園で見かけたケースでは、1歳くらいの女の子をベビーカーに乗せたお母さんが、歩きスマホで散歩していました。驚くことに、その傍らには同様に歩きスマホするおばあちゃんの姿が。どうやら二人は某キャラクターをゲットするゲームに夢中のようで、大人同士の会話も母子のコミュニケーションもありません。ベビーカーに揺られた女の子は無表情で外の景色を眺めていました。

乳幼児に対し、必要以上に動画を見せるケースも心配です。「静かにしてくれるから」と外食先や病院でデジタル機器を渡すことも多いでしょう。在宅勤務が増えたため、会議中のぐずり予防策としても大変ありがたいアイテムです。私もよく利用していました。しかし求められるがままに与えてしまうと、「動画を見ながらでないと園服を着てくれない／寝てくれない／ごはんを食べてくれない」となり、生活にネット時間がずるずる入り込んできます。

あまり知られていませんが、乳幼児でもネット依存傾向に陥ることはあります。次々に刺激を与えてくれるネット動画は小さな子どもも大好物。子どもが一人で毎日何時間も使う習慣がつくと、今度は取り上げることが難しくなります。「タブレットを隠すと、取り憑《つ》かれたように何時間も家中を探し回る」「ちょっとでも取り上げると悲鳴を上げて泣き叫ぶ」と親が困り果てる事例もあります。

ネット通販で
ベビーカー用スマホホルダーが売れている

懸念すべきは愛着を形成する時期のコミュニケーション不足です。子どもとメディアの適切な関係を提言するＮＰＯ法人「子どもとメディア」では、乳幼児期からのメディア漬けを懸念し、１歳半健診や３歳健診に保護者に配布するための啓発資料を作成しています。同ＮＰＯ理事で元公立小校長の豊泉行男氏は「乳幼児期からのメディアとの関わり方が重要」と警鐘を鳴らします。

「今、ネット通販でベビーカーやベビーベッドに取り付けるためのスマホ・タブレットホルダーが飛ぶように売れているんです。私は小中学校でネットリテラシーの講座を開くことが多いですが、大切なのは子どもと一緒に取り組もうという親の姿勢だと感じます。ネット利用はだんだん低年齢化しています。乳幼児の保護者にもっと電子メディア使用についての意識を高く持ってもらいたいです」（豊泉氏）

ネット漬けが発達に影響することも

過度なネット利用は、どんな影響をもたらすのでしょうか。さまざまな研究が行われていますが、子どもたちを現場で見てきたベテラン臨床心理士の男性は、「ネット漬けの子は見ただけでだいたい分かる」と打ち明けます。それほど顕著な異変が現れるといいます。

「小さい頃からYouTubeやゲーム漬けで育った子は、まず目の動きがおかしいです。視線が自由に動かない、焦点が定まらない、キョロキョロするといった子が多いです。育ちが固まるので言葉も限定された言葉しか出てこない。他者に対して興味を持たない子、コミュニケーション能力の低い子が多いと感じます」

こうした現場の〝肌感覚〟を裏付ける研究もあります。千葉大学と国立成育医療研究センターの研究グループは2023年、乳幼児期の子どものメディア視聴時間と発達の関連を明らかにしました。この研究（注④）によって、1歳でもメディア視聴時間が長くなるとコミュニケーションの発達領域に影響を及ぼすことが明らかになりました。

「このままでは日本が滅びる」さらに深刻な小中学生

2023年1月、静岡県で中学生の娘が母親を刺殺する事件が起きました。「スマホの使い方を巡って母親とトラブルになった」という供述が世間を震撼《しんかん》させました。この事件が「対岸の火事ではない」と感じた中学生の親も少なくありませんでした。

「このままでは日本が滅びてしまいそうで心配です」

取材で出会った塾講師の女性は、ネットの世界に溺れる小中学生へのやりきれない思いを吐露しました。女性はゲーム沼から抜け出せず、学校や塾にも通えなくなった小中学生とその家族の苦しみに寄り添ってきました。女性が対応に当たった深刻なケースでは、祖母や母親に暴力を振るう子、ゲーム中に失神して記憶が飛ぶ子、幻聴や幻覚がある子もいて入院を余儀なくされたケースもありました。

２０１９年５月、世界保健機関（ＷＨＯ）は「ゲーム障害（Ｇａｍｉｎｇ ｄｉｓｏｒｄｅｒ）」を国際疾病分類の一つに認定しました。国際疾病分類とは、医療機関での診断や治療を必要とする疾病の世界的な統一基準のこと。ゲーム障害は世界規模の病となりました。

生活や心身の健康に支障をきたすほどゲームに没頭し、不登校や引きこもり、家庭内暴力、食事を摂らないといった深刻な問題を引き起こします。アルコールやギャンブルと並んで、治療が必要な疾病として取り扱われるようになりました。動画やＳＮＳなどのオンラインコンテンツを含むいわゆるネット依存については国際疾病に認定されていませんが、さまざまな問題が起きています。カナダでは人気ゲーム『フォートナイト』をプレイした子どもが依存症になったとして、親たちが集団訴訟を起こしました。世界中の親が悩まされています。

課金は父方のおばあちゃんが狙われる

深刻な事例では課金が関連していることがほとんどです。「20万、30万の課金が発覚したなんて例はザラ」とこぼすのは前出の塾講師の女性です。親のクレジットカードを悪用します。次に狙われるのは祖父母です。特に〝父方の祖母〟は「お母さんに内緒にして」と言うと約束を守ってくれることを子どもは知っているので、狙われやすいのです。

遠方に住んでいればキャッシュレス決済のＰａｙＰａｙで送金してもらいます。この方法なら「親にばれにくい」ということも子どもは知っています。コンビニでプリペイドカードをＰａｙＰａｙで購入し、課金に使うのです。

同居の祖父母が「孫に好かれたい」と渡したお小遣いから悪夢が始まったケースもあります。度重なる課金によって中学生の孫はゲームにのめり込み、コントロールが利かなくなってしまい、祖父母に対しても容赦無く暴力を振るうようになりました。次第に祖父母も「孫に暴力を振るわれたくないから」という理由で現金を渡すようになったという事例がありました。

ゲームにのめり込む子どもたちが抱えるもの

こうした子どもたちには、ある共通点があると塾講師の女性は考えます。

「ゲーム障害で入院する子たちはみんな、心にさみしさを抱えているんです。お母さんが夜仕事なので夜は一人になってしまう母子家庭の子、いつも長時間お留守番をする子、極端に過保護に育てられた子、親に進路を強いられ相談相手がいない子といった、子どもなりのどうしようもないさみしさを心に抱えている子が目立ちます」

オンラインゲームに夢中になっているからといって、みんながみんな治療を要するほど心が蝕《むしば》まれるわけではありません。子どもとネットの問題に寄り添ってきた前出の男性臨床心理士は、乳幼児期の関わり方がカギになるのではと感じています。

「ネットにのめり込んでしまった子どもたちと話すと、小さい頃の親とのコミュニケーションが少なかったという背景を持つケースが目立ちます。早くにスマホやタブレットを与えられた子ほど、依存傾向が強い印象です。ゲームの中は逃げ込めるんです。最初はリアルな友だちとネットゲームで遊んでいても、リアルな世界で嫌なことがあるとそのグループから抜け、ネットの友だちを求めるようになる。そこで自分の

アンテナpoint

２歳で６割がインターネットを利用する時代。小さい頃からネット漬けになるとさまざまな影響が懸念されます。危うい使い方をしていないか、見直しが必要です。

居場所を見つけてしまうんです。ゲームの中では自分に役割があって、自分がいなくなるとチームに迷惑がかかる。だから頭でダメだと分かっていてもやめられない。そうやってどんどんゲームの世界から抜けられなくなります」

5 使いすぎを防ぐ方法

ある日、混雑した小児科の待合室でこんな光景を目にしました。小学校低学年の男の子と70代とおぼしきおばあちゃんが、長時間順番を待っていました。男の子は座るや否やおばあちゃんのスマホを横取りし、ゲーム実況動画にアクセスすると1時間釘付けになりました。その間、二人の会話は全くありません。

診察室へ入る時も歩きながら視聴。受診後、待合室に戻るとおばあちゃんのかばんを力ずくで奪おうとします。両手でかばんをひっぱり抵抗するおばあちゃん。しかし男の子は無言のまま奪い取ると、勝ち誇ったようにスマホを取り出し、かばんを勢いよくおばあちゃんに投げつけました。男の子は少し離れた長椅子に座り、背を丸めてまたすぐに動画を再生し始めました。おばあちゃんは大きくため息をつきました。

実際に目の前で起きたことです。果たして「そういう時代だから」で済まされることでしょうか。

現場の先生たちが気づいている子どもたちの異変

子どもたちの学習以外のネット利用時間は年々増えています。特に長時間利用の割合が増えていて、2023年度のスポーツ庁の調査（注②）では平日1日あたり「5時間以上」と答えた小学5年男子が17・5％に上りました。成長期真っ盛りの子どもたち。影響がないわけがありません。文部科学省の最新の調査（注⑤）では、視力が1・0未満の小中高生の割合が過去最高になりました。小学生は3割超え、中学生は約6割、高校生は約7割です。これもまた長時間に及ぶスクリーンタイムが影響しているとみられています。

教育現場からも子どもたちの〝異変〟を危ぶむ声が上がっています。朝から机に突っ伏している子が増えた、すぐに疲れる、視力が低下する子が増えている、語彙力が低下した、指示が通らない、感情のコントロールができない――。これら全てがネットの影響とは言い切れないですが、「関連性を疑わざるを得ない」と教員らは口を揃えます。この10年で育ちの二極化が加速しています。

ゲーム時間が増えるほど学力が低下

こうした危機感は、学力テストの結果からも見て取れます。次のグラフを見てください。ゲーム時間と学力低下の関係を調べた国立教育政策研究所の『令和4年度全国学力・学習状況調査の結果』（注⑥）によるとゲーム時間が増えるほど、平均正答率

選択肢ごとの教科の平均正答率とゲーム時間の関係

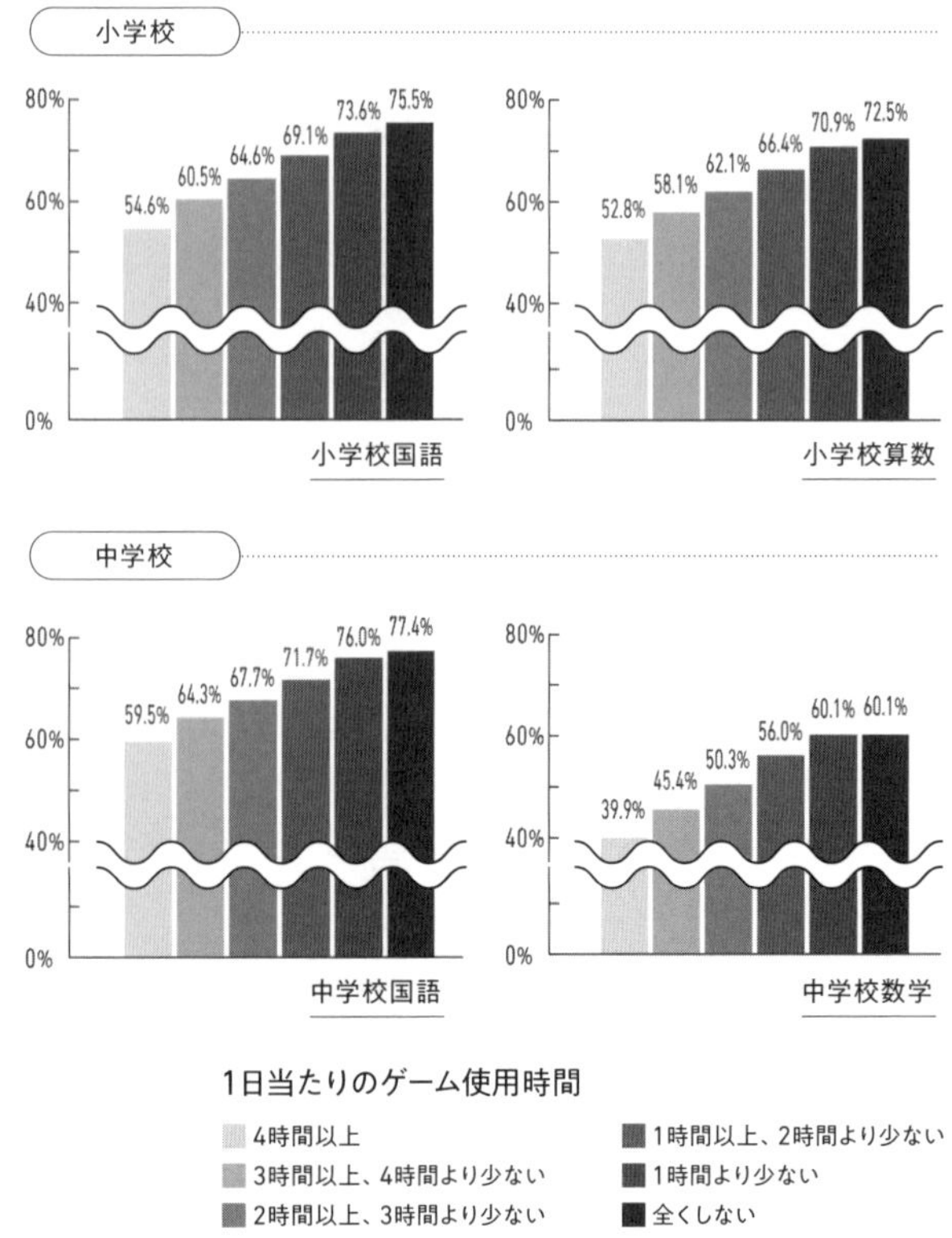

国立教育政策研究所『令和4年度 全国学力・学習状況調査の結果』をもとに作成
https://www.nier.go.jp/22chousakekkahoukoku/22summary.pdf

は下がっています。仮に1日に4時間ゲームに費やしたとすると、1年で1460時間。つまり365日のうち丸々60日間分をゲームに捧げたという計算になります。なぜテストの結果に影響が出るのか。こうしたリアルな数字とともに子どもたちに伝えることが大切です。

小学生におすすめのルール

親なら誰もがわが子はネットの沼にはまってほしくないと願うはずです。ルールを設けている家庭がほとんどです。でも「ルールを守らない」「ルールが厳しすぎると文句ばかり言う」とルールをめぐる家庭内トラブルも後を絶ちません。

特に自己コントロール力が未熟な小学生がオンラインゲームで遊ぶ場合は、暴走しないためのルール設定と、親の毅然《きぜん》とした態度が必要です。ではどんなルールが有効なのでしょうか。子どものネット問題やSNSトラブルなどを研究する「子どもとネット」研究者、竹内和雄・兵庫県立大学教授は、小学生に最も効果的なルールは「使う場所を決めること」と「その場に親が一緒にいること」と助言します。竹内氏への取材をもとにルール設定のヒントをまとめました。

●ルール1　使う場所を決める

小学生のうちは親が把握しておくことが大切です。目が行き届くよう「必ず居間で使う」といったルールがおすすめ。「いつまでやってるの！」という小言が言える環境も大切です。親もゲームやネットの良さを認め、一緒に楽しめるとよいでしょう。

●ルール2　その場に親が一緒にいる

子どもが何をしているか把握しておくため、親が近くにいる場合のみＯＫとするのがよいでしょう。オンラインゲームでヘッドホンを使っているとボイスチャットのやりとりが聴こえてこないので、「ヘッドホンを使わない」というルールも一つの手です。早朝からのゲーム「朝ゲー」を小学生に許す場合は、親も一緒に早起きして、誰とどんなゲームをしているのか把握する必要があります。

「○時まで」ルールには抜け道が

「○時まで」「○○では使用禁止」というルールもありますが、それぞれに〝抜け道〟があるので注意が必要です。

・午後○時まで→決められた時刻まで目一杯使ってしまう。食事や入浴、宿題の時間を節約してゲームに費やし、かえって利用時間が長くなるケースも。

・○○では使用禁止→「子ども部屋はダメ」「布団の中はダメ」など禁止場所を決めると、それ以外の場所では自由に使えてしまう。

大切なのは子どもが納得しているかどうか

受験や習い事の事情もあるので、ルールは見直しも必要です。ルールづくりで最も大切なことは「子どもが納得しているかどうかだ」と竹内氏はいいます。

「子ども自身が納得できるルールづくりをした上で楽しむ。それが上手なゲームの与え方です。納得すると子どもはちゃんとルールを守ります。納得しないから言うことを聞かないんです。小学校低学年だったらまず親も一緒に使う。親の目の前で使う。高学年になったらＬＩＮＥ

アンテナpoint

ゲーム時間が増えるほど学力は低下する傾向に。家族で話し合って子どもが納得するルールづくりを。

も一緒に楽しむ。思春期になったら自分の部屋へスマホを持っていくのは何歳からかを一緒に考える。１日何時間が妥当か考えさせる。こうして徐々に子ども自身がルールを作れるよう導いていけるといいでしょう。親が〝子どもの好きなこと〟に興味を持つことは大事です」

○ 親子ギャップ

親世代：友だちとの連絡は家電かポケベルかＰＨＳ。放課後は公園で鬼ごっこ

子世代：通話料も気にせずボイチャかＳＮＳで長時間やりとり。放課後は自宅でオンラインゲーム。体力づくりは運動系の習い事で。

〈注〉

①ＮＴＴドコモ「モバイル社会研究所」『モバイル社会白書２０２３年版』https://www.moba-ken.jp/whitepaper/wp23/pdf/wp23_all.pdf

②スポーツ庁『令和5年度全国体力・運動能力、運動習慣等調査の結果（概要）』https://www.mext.go.jp/sports/content/20240115-spt_sseisaku02-000032954_11.pdf

③内閣府『令和４年度青少年のインターネット利用環境実態調査　調査結果（概要）』https://warp.da.ndl.go.jp/info:ndljp/pid/12927443/www8.cao.go.jp/youth/kankyou/internet_torikumi/tyousa/r04/net-jittai/pdf/kekka_gaiyo.pdf

④千葉大学・国立成育医療研究センター『乳幼児期の子どものテレビ・ＤＶＤの視聴時間と発達の関連が明らかに～１歳の視聴時間も発達に影響する～』https://www.chiba-u.ac.jp/news/files/pdf/230919_Screen_02.pdf

⑤文部科学省『令和４年度学校保健統計調査（確定値の概要）』https://www.mext.go.jp/content/20231115-mxt_chousa01-000031879_1a.pdf

⑥国立教育政策研究所『令和４年度全国学力・学習状況調査の結果』https://www.nier.go.jp/22chousakekkahoukoku/22summary.pdf

第5章

生活

必ず身につけたい
メディア・リテラシー

Q

子どもがSNSで流れている情報しか見ていません。ニュースもSNSからだけのようですがこれって大丈夫なのでしょうか?

A

大丈夫とは言えないものの、SNSはすでに文化として定着しています。禁止するのではなく、どう使いこなすかを伝える時代に入っています。

1 大半の子どもがニュースはSNSで見る時代へ

「うちの子、ぜんぜん新聞読まないんだけど、どうしよう」

「うちもほぼネットだよ〜。こないだ聞いたら、SNSからだって言ってた」

「時代だね〜」

　仕事仲間との雑談で、子どもがどこでニュースを見ているかという話になったことがありました。親がニュースメディアに関わっているからといって、子どもが自然に新聞を読んでくれるようになるわけでもありません。小学6年生の娘を持つ仕事仲間も似たような状況で、彼女が子どもに聞いたところ、ニュースはSNSからだと答えたといいます。

2021年に読売新聞社と電通総研が小学4年生から中学3年生を対象に実施した調査では、見事にそれを反映する結果が出ています。小中学生の多くの子どもがニュースをSNSから得ていることが分かったのです。割合が最も高かった中学3年生では、75・2%もの子どもがニュースはSNSからだと答えています。

心配なのはここからです。このうち、47・7%が、情報源がどこなのかの確認をしていないというのです。しかし、情報源を確かめずにいると、噂レベルや嘘のニュースをインプットしてしまう可能性もあります。

歴史的に見れば、メディアをプロパガンダとして使う大人もいたわけですから、目にした情報を全て鵜《う》呑《の》みにしてしまうのは、かなり危険と言えます。では、どうしたらよいのか。そこで注目されているのがメディア・リテラシー教育です。

「モラル」と勘違いしやすい「リテラシー」

皆さんは「メディア・リテラシー」や、「ネット・リテラシー」と聞いて、どんなイメージを持たれるでしょうか？　なんとなく

「ネットを使う時に気をつけるべきことかな」

「デジタルメディアとの付き合い方じゃない？」

「スマホを持つ上で注意すべきこととか？」

私が話した保護者の中にも、このようにモラル的な意味合いで捉えている人が多くいました。そういう私も同様の感覚でいたのです。しかし、これは大きな勘違いでした。

ある日、公立小学校に通う高学年の息子がプリントを片手に私に直談判をしてきました。

「見て、学校でこんな授業があるくらいだから、ほとんどの子がスマホを持っているってことだよ。そろそろ僕も持ってもいいんじゃない？」

当時我が家ではまだ息子にスマートフォンを持たせていませんでしたから、本人はこれをきっかけに、なんとか自分もスマホを購入してもらおうと考えたのでしょう。見せられたカラーの印刷物には、ＳＮＳを使う時の注意点などが書かれていました。

スマホを持たせていない我が家としては、持っていることを前提にこんな学習をするなんて、やり過ぎなのでは？と思ったものの、実際にＳＮＳがらみのトラブルがいろいろと起きているという話も小耳に挟んでいたため、学校側が必要な学びだと判断したのだろうと思い直しました。

息子がもらってきた印刷物と本人の話を総合すると、友だちと文字だけでやりとりする時に気をつけるべきことや、本人の許可なく画像や動画をシェアしてはいけないなど、SNS上でコミュニケーションを取る時のルールを教わってきたようでした。

それからしばらくして、息子もついにスマホデビュー、家電量販店で購入する際にも利用にあたっての注意事項が書かれた冊子をもらいました。内容は、使い方のルールを家庭で決めましょうというものでした。真新しいスマホを手にする息子の横顔を見ながら、ついに、スマホを扱うためのリテラシーを身に付けさせる時期がやってきたのだなと感じたことを覚えています。

ところがある時、自分が大きな間違いをしていることに気が付きました。これは「リテラシー」ではなく「モラル」だということです。リテラシーの語源はラテン語のlittera（リテラ）で、元は文字を意味しています。それから

literate、教養があるという語が派生し、現在のリテラシーにつながっているといわれています。つまり、モラルやルールとは違います。

そして、社会が急激に進化する中、リテラシーという言葉は「ITリテラシー」や「コンピューター・リテラシー」というように、ある特定のものと結びつけて語られることが多くなりました。『ICTことば辞典』（三省堂）では、かつてリテラシーは「読み書きの能力」というニュアンスで使われていましたが、現代では「情報通信技術を活用する能力」「メディアを活用する能力」「情報を取捨選択する能力」など、広

アンテナpoint

子どものスマホ所有率は上昇傾向。SNSの使い方についての講座を行う学校もあります。

い意味で使われるようになったと説明されています。

スマホを手にする時にもらった冊子のように、家庭で使うルールを話し合うことはモラルにあたると思いますが、リテラシーはモラルに止まらず、コミュニケーションの取り方であり、情報との付き合い方、発信力までをも内包する言葉だったのです。

2 海外では約1世紀も前からあったメディア・リテラシー教育

メディア・リテラシー教育は、海外ではまだインターネットもないような時代からすでに始まっていたようです。メディア・リテラシーを最初に教育に取り入れたのはイギリスだと言われています。

１９２９年に世界恐慌が起き、ヒットラーが台頭した１９３０年代、子どもたちに公教育の場でメディアに対する批判的思考を教えることは、教育として重要なのではないかという考えが沸き起こったのが始まりです。

その後はテレビの出現もあり、メディア・リテラシー教育は徐々に世界に広がります。カナダでは80年代後半からオンタリオ州においてメディア教育の実践が始まっていますし、アメリカや北欧でも、メディアを批判的に読む視点を養う学びが教育の中に取り入れられていきました。

子どもを守るメディア・リテラシー教育

「そんなにテレビばかり見ていると、アホになるよ！」

子どもの頃、親にこう叱られた記憶のある方もいるのではないでしょうか？　メディアに対する批判的視点教育が取り入れられていたイギリスでも、これと同じことが起こっていました。

テレビがお茶の間に浸透し、子どもたちが日常的に視聴するようになっていた1985年、イギリスにあるノッティンガム大学で教えていたレン・マスターマンが世に出した『メディアを教える』が話題となります。当時マスターマンは、大学で大衆メディアとの付き合い方を教えていたのですが、この著書で、具体的なメディア教育の方法を世界に向けて発信したのです。

すでにメディア教育を取り入れていたイギリスでも、テレビは別モノという考えがあったのでしょうか。子どもたちを教える教師の間では、テレビは「低俗な大衆文化」だという意識が強かったようで、わざわざ学校で取り上げるような話ではないと、テレビについてはあまり触れられていなかったのです。しかし、現代のSNS同様に、テレビは子どもたちに最も身近な文化となり、日常的にテレビを見ることが根付き始めると、教師たちの意識も徐々に変わります。

メディア教育の重要性を説いたロンドン大学のバッキンガム教授らは、メディアについて学ぶ時間を公教育に取り入れるよう主張、メディアについて学ぶことは、子どもをメディアの悪影響から守ることにつながるのだと訴えました。

こうした学者たちの働きかけもあり、メディアは「低俗な文化」であったとしても、子どもたちの文化の中心に位置し始めている以上、公教育の中できちんと向き合っていく必要があるという流れへと変わっていったのです。

イギリスの学校では、国語のカリキュラムの中でメディアについての学びが取り入れられるようになりました。また、16歳から18歳を対象とした中等教育では、独立した科目としてメディア・リテラシーが教えられるようになったのです。

アメリカでは１９９２年にシンクタンクのアスペン研究所が「メディア・リテラシー全米指導者会議」を主催、メディア・リテラシーの定義を「多様な形態のコミュニケーションにアクセスし、分析し、評価し、発信する能力」と定めました。

メディア教育について研究する菅谷《すがや》明子《あきこ》氏は、メディア・リテラシーの定義が分析だけに止まらず、情報発信能力をも含むのは、「メディア・リテラシーの究極的な目標が、メディア時代を生きる人間それぞれが主体性を持ち、自らメッセージを発信する能力を具《そな》えることで、既存のメディアを超えた多様性のある市民社会を実現する、との思想を反映しているから」だと分析しています。

インターネットとスマホの登場により、雑誌、映画、テレビ、新聞という昔ながらのメディアに加えて、子どもたちの文化の中にＳＮＳが根付いてきた以上、これを無視することはできません。低俗だと言われてきたテレビ同様に、リテラシー教育に加える必要があるのです。

遅ればせながら、日本でもやっとメディア・リテラシーにあたる教育が始まりました。第3章で伝えた高校で新しく始まった「情報Ⅰ」にも多分にその要素が入っています。

小学校の国語や社会では、データの読み解き方を学ぶようになりました。データの読み解きは、メディアを批判的に読む視点を養う上で欠かせないものだと思います。なぜなら、メディアが伝える情報が確かなものかどうかを考える指標として、データを客観的に読み取る力は不可欠だからです。

アンテナpoint

メディア・リテラシー教育は、思考の作法を学ぶ教育。日本の学校でもようやく取り入れられ始めています。

3 垂れ流されるニュースから情報を読みとる力

先ほど、誰が伝えている情報なのか、発信者の確認をしないのは危険だという話をしました。ここをもう少し詳しく考えていきたいと思います。情報は人間によって作られています。人間が作り出すものですから、どうしても発信者の考えや、意図が反映されてくるものです。

たとえそれがニュースメディアであったとしても、その視点を忘れてはいけないと思ったことがありました。我が家では毎朝、テレビで世界のニュースを見るのが習慣になっています。ある日のこと、フランスのテレビ局が、パリでマイクロモビリティのシェアリングサービスが終わるというニュースを取り上げていました。

マイクロモビリティとは、環境にも優しく、一人乗りや二人乗り程度までを想定して作られた比較的近距離の移動に使う乗り物のことです。東京でもしばしば見かけるようになった電動キックボードもマイクロモビリティの仲間です。

都内でも、レンタルされるようになりましたが、パリでも街中のシェアリングサービスとして、レンタル電動キックボードのスタンド設置が急速に進んでいたのですが、このレンタル電動キックボードの撤去が決まったというのです。現地メディアは、電動キックボードによる事故が多発、住民投票の結果、89・3%が使用禁止を求めたため、撤去が決まったと報じていました。

ところが、アメリカのニュースサイトの記事を見ると、新たな視点が得られました。この住民投票、投票率はなんと7・46%しかなかったというではないですか。こうなると、本当に住民の約90%が反対しているかというのは疑問になります。

パリのレンタル電動キックボードはアメリカ製のものも多く使われていました。アメリカのニュースメディアは、撤去について批判的な立場をとっており、読み手が受ける印象はフランスのテレビニュースとは明らかに違いました。

このように、ニュースメディアであったとしても、発信者の視点や取り上げ方によって、受け手への伝わり方は変わるのです。

ニュースが生まれる現場

ニュースメディアの原稿は、大勢の人の目、チェックを経て初めて世に発信されています。私も普段メディアに関わる人間として、それはよく分かっています。特に、新聞といった昔からあるメディアはチェックの目も厳しいです。

今回のようなケースの場合、恐らくパリ市からの報道発表がニュースの元となっていると思われます。リリースを元に記者は記事を書くのですが、どう伝えるかは記者の腕にかかってきます。

私が新聞記者時代、先輩記者から言われたのは「横のものを縦にするだけの記事は書くな」ということでした。

日本には各地に記者クラブというものがありますが、私の担当していた地域の場合、市役所と商工会議所、警察署に記者クラブがありました。部屋の中にはクラブに所属するメディア各社の机が置かれていて、毎朝そこに大量の資料が置かれていきます。

駆け出しだった私は先輩記者の使いとして、先輩が記者クラブに行けない時にその資料を持ち帰るという役割がありました。こうして持ち帰ったリリースから、どれをニュースとして扱うかを決めていきます。

記者クラブで受け取る情報は、各社同じものを手にしますから、どう料理するかを考えなければなりません。記事にするものが決まったとしても、どの部分を強調して書くかによって、追加取材先も変わってきます。

記者はリリース資料だけでなく、関係者に取材をして、やっと記事をまとめる作業に取りかかるのです。先輩記者の言う「横のものを縦にするだけ」というのは、役所から降りてきた報道発表資料だけで記事を書くなということでした。

私が働いていた2000年代初頭はスマホもまだない時代です。新聞は重大なニュースがあってもテレビやラジオのように瞬時に伝えることができませんから、第一報を伝える部分はテレビやラジオに負けてしまいます。だからこそ、深掘りした記事を載せる必要があったのです。

記者が記事を仕上げると、担当デスクによるチェックが入り、さらにその上の役職の人によるチェック、校正・校閲者のチェックなどを経て、ようやく世の中に記事として出すことができます。フリーランス記者となった今はいろいろな媒体で書いていますが、新聞系媒体の場合、大枠の流れは変わりません。

発信が無責任にできる時代

ところが今は、誰もが自由かつ簡単に発信できる時代となりました。個人が発信する情報は、発信前に他者から信憑性《しんぴょうせい》を問われることはありません。自由な発信にも責任は伴うはずなのですが、多くのＳＮＳは匿名であるため、その緊張関係もありません。

つまり、書き手の思いだけで好きなように書き、発信することができてしまいます。数年前、アメリカの大統領選挙の際に「フェイクニュース」という言葉を盛んに耳にしましたが、嘘のニュースをまことしやかに流すことも手軽にできる時代です。文字だけでなく、動画でさえも操作することができます。

日本でメディア教育を実践する一般社団法人の関係者は、国内に流れるフェイクニュースの中には、海外ニュースの翻訳ミスによるケースも見られると話していました。

例えば、少し英語ができる程度の人が、海外メディアが報じた情報を自分なりの解釈で誤った和訳をし、それをそのままSNS上にあげたら拡散されてしまったというものです。原文を読めば間違いが分かるのですが、ほとんどの人は原文を読まずにシェアしてしまいます。

アンテナpoint

多くのチェックを通って世に送り出されるニュースと、SNSの情報では信憑性が違います。
ニュース媒体であったとしても、作り手がどこに焦点を当てた記事なのか、批判的視点は必要です。

誰もが気軽に発信できるようになったからこそ、誰がどこから得た情報で、どういう立場として発信しているのか、ＳＮＳからニュースを得る場合はかなり気をつける必要があるのです。

○親子ギャップ

ＳＮＳでニュースを読むのが当たり前の時代です。
メディアの読み方、見方のリテラシーを身に付けることがとても大事になっています。

第6章

教育

学校のカタチ

Q

著名人がオルタナティブ教育で育ったという話を見聞きするけど、オルタナティブ教育ってどういうこと?

A

全員が同じ時間に同じものを学ぶ伝統的な一斉学習形式ではなく、いろいろな学び方で教える教育のことです。

1 実は新しくない子どもに合わせる教育

日本は明治以来、クラス単位で講義形式の授業を受ける一斉指導が始まったとされています。それから約150年、指導要領の導入や、教授法の研究はされてきたものの、クラス単位で授業を受けるというスタイルは変わっていません。

しかし今、学校の教育システムに子どもを合わせるのではなく、子どもに合わせて個別最適化された教育を唱える動きがみられます。一斉授業が当たり前の親世代にとってみれば、なんだかとっても新しい取り組みをしているように聞こえますが、江戸時代の寺子屋も異年齢が学ぶ空間で、先生がその子に合わせて教えていたことを考えると、全く新しいということでもありません。

日本の私立大学の設立

明治期は近代化に向けて日本が大きく変わり始めた時代でした。学年を分けて学ぶ今の学校形式の基礎が形成されたのも明治期でした。この時代に日本が世界と肩を並べるために必要なのは教育だと説いた人物がいます。

日本で最初の私立大学の一つを創設した新島襄《にいじまじょう》です。文明諸国に匹敵させようと思えば、ただ外面的な物質上の文明を模倣するのではなく、文明の根本に向けて力を入れるべきだと綴《つづ》っています。そして、欧米の文明の基礎を作っているのは「国民の教化にあると確信」していたのです。

新島がこう考えた時代、国内の大学は後に東京大学となる官立の帝国大学しかありませんでした。新島はここにも危機感を覚えており、「教育事業をことごとく政府の手に任せてしまうのが得策であるとは思わない」と自身の考えを伝えています。

欧米各国を訪問した新島からすると、世界と肩を並べられる日本を作るには、帝国大学一つでは不足があると感じたのでしょう。なぜなら、帝国大学は国（官）が必要と思う学問を教え、研究することを目的につくられた大学だったからです。

つまり、日本の大学は国（官）の役に立つエリートを育てるのがもっぱらの役割となっていたのです。ここに疑問を感じていたのが新島でした。一つの国を維持するのは、二、三の英雄の力ではないと、力強く訴え、ただ技術や才能ある者を育成するだけでなく、良心をもって運

アンテナpoint

教育は国に任せるだけでなく、国民それぞれが責任をもって担うという視点も必要です。

用する人物を育てることが必要なのだと主張しました。

新島はまた政府が行う教育事業だけに頼るのではなく、国民による学校をつくることの意義について、学生が自分独自の気質を発揮し、自治、自立の国民を養成すれば、これこそが私立の持っている特性であり、長所であるとし、私立学校の必要性を訴えていました。

2 世界に湧き起こったオルタナティブ教育

欧米各国で年齢別にクラスを編成した授業をする一斉指導が伝統となりつつある中、これに異を唱える教育者が生まれていきます。日本でも名前が知られるシュタイナー教育やモンテッソーリ教育も、既存の教育システムに収まらない、新しい教育として発展してきたものでした。

最近は著名人が受けた教育として注目を集めることもあるのですが、いったいどのようにして生まれたのか、その他のオルタナティブ教育も含めて年代を追って見ていきたいと思います。

日本の教育にも影響を与えたデューイ教育　アメリカ

アメリカの哲学者であり教育学者のジョン・デューイは1896年、自身の思い描く教育を実践する学校として、シカゴにLaboratory Schoolを設立しました。この学校は「ラボ school」の愛称で今もシカゴ大学キャンパスエリア内で営みを続けています。

デューイは体験的な学習を推奨し「学校は暗記と試験にあけくれる場ではなく、子どもたちが自発的な営みをする小さな社会でなければならない」と、学校のあり方を考えました。

デューイのつくった学校では、生活の中にこそ学びが溢れているという思想があり、服をつくることや、料理といった家庭科的な要素が多く取り入れられていました。しかしそれは、われわれ親世代がイメージする被服や調理実習とは少々違います。

料理をするにあたっては、料理に使う食材がどのように育ったのかから学ぶようにしたのです。食物は各地の気候風土の影響を受けて育つこと、土壌と光と水によって育てられ、われわれの台所にやってくるというところまで掘り下げていったのです。

ですから、家庭科は家庭科単体ではなく、理科や地理学など、教科を横断した学びをもたらしてくれるものとなっていました。デューイは日本の教育にも大きな影響を与えました。日本女子大学を創った成《なる》瀬《せ》仁蔵《じんぞう》も、デューイと交流がありましたし、戦後日本の教育改革の時にもデューイの教育観は参考にされたといわれています。

障害児との関わりから生まれた
モンテッソーリ教育　イタリア

日本では幼少期の教育というイメージの強いモンテッソーリ教育ですが、なにも幼少期だけを対象に行われる教育ではありません。世界にはモンテッソーリ教育を取り入れた学校がたくさん存在しています。

モンテッソーリ教育は、イタリアで医師をしていたマリア・モンテッソーリ博士が提唱した教育です。子どもはそもそも、自分で自立・発達していこうとする力を備えており、その力を存分に発揮できる環境と自由が保障される中で、自発的に活動を繰り返しながら成長していくのが望ましいと説きました。

医師として、障害のある子どもたちと接していたモンテッソーリは、子どものある行動に目が留まります。それは、こぼれ落ちたパンくずを繰り返し拾う姿でした。子どもを観察していたモンテッソーリはあることに気が付いたのです。子どもはお腹がすいてパンくずを拾っているのではなく、手や指を動かす感覚的な刺激を受けようとしているのではないかと考えたのです。

そこで、考案されたのが、円柱を穴に差したり抜いたりする教具でした。知的障害児たちにおもちゃのようなこの教具を与えたところ、これで遊んだ子どもたちの知的水準が高まったというのです。１９０７年にはモンテッソーリ教育を実践する施設「子どもの家」がローマで生まれます。その後、モンテッソーリ教育はアメリカでブームが起こり、公立校でもプログラムに導入されるほどの広がりを見せていくことになったのです。

教員は生徒の学びを後押しするアドバイザー

モンテッソーリ教育は異年齢の少人数グループを基本にして全ての活動が進みま

す。科目ごとの時間割はなく、午前中は自分が学びたいと思ったことを学ぶ時間となっています。

教員は生徒が決めたワークが適切かどうかを判断、本人の発達段階に応じたアドバイスをしていきます。学年別になっていないため、子どもがその知識を身に付けるに十分な段階に入っていて、本人の関心も高いとなれば、子どもの学年を超えた学びをすることも可能です。

モンテッソーリと平和教育

モンテッソーリ教育では、6年ごとに発達段階を分けて考えており、中でも0歳から6歳の6年間は、人生を生きるのに必要な80%が備わる時期だと唱えています。モンテッソーリは晩年、平和教育にも力を入れており、子どもたちは平和の種であり、幼い頃から平和教育を施すことが世界平和をつくる上でも大切なのだと訴えていました。

その象徴ともいえるのが、幼児期の子どもたちの誕生日のセレモニーです。シカゴにあるモンテッソーリ教育の施設でその様子を見学したことがありますが、これが世界中の「子どもの家」で必ず行われているということでした。

誕生日の子は両手で持てる大きさの地球儀のようなものを持ちます。子どもたちのつくる輪の中心にろうそくが灯されると、先生が「宇宙の中の銀河系の中の、太陽系の中の、地球という惑星に」という言葉を静かに発します。すると、誕生日を迎えた子どもが地球儀を手にろうそくの周りを1周しました。そして、自分が1歳の頃の出来事を話します。

ろうそくは太陽を意味しており、太陽の周りを1周すると一つ年を重ねるということのようでした。4歳を迎えた少女は1周ごとにエピソードを話し、4周するとセレモニーは終了です。

セレモニーで使われる地球儀に国名はなく、陸地と海が描かれただけのシンプルなものでした。終始静かな雰囲気の中で行われたセレモニーは、国境に関係なく、私たちは地球という一つの惑星に生まれ落ち、多くの人と共に一緒に生きているのだということを、厳かに伝えてくれているように感じました。

独自の芸術教育で有名なシュタイナー教育　ドイツ

日本で子育て書を読む時に、モンテッソーリ教育と並んでよく耳にするのがシュタイナー教育ではないでしょうか。シュタイナー教育は、オーストリア生まれでドイツを中心に活躍したルドルフ・シュタイナーが唱えた教育です。芸術的な活動を教育のさまざまなところに取り入れた独自の教育法が有名です。

実はこの「シュタイナー教育」という呼称は、シュタイナーの教育を日本に紹介する時に付けられたもので、海外では「ヴァルドルフ教育」と呼ばれています。シュタイナー教育は、子どもたちが自分で考え、判断し、行動できる人間になることを目指して教育活動を行っています。

行政や財界の影響は最小限　教員を中心にした運営

第一次世界大戦直後の1919年、シュタイナー教育による最初の学校、自由ヴァルドルフ学校がドイツに設立されます。シュタイナー教育の賛同者は徐々に増えていったのですが、奇《く》しくもこの時代、ドイツは大きなイデオロギーの波にのみ込まれようとしていました。

ヒットラー率いるナチスが台頭すると、ドイツ国内の教育は厳しい統制を受けるようになりました。中でも、「自由への教育」の実践の場として建てられた自由ヴァルドルフ学校は特に強い圧力を受けて、全て閉鎖されてしまったのです。

その後、紆《う》余《よ》曲《きょく》折《せつ》を経てシュタイナー教育は復興し、今日に至ります。シュタイナーは自由ヴァルドルフ学校の設立にあたり、いくつかの要件を設定しました。その一つが、12年一貫教育であることでした。そして、学校の運営は、子どもたちと実際に関わる教員を中心とし、行政や財界からの影響を最小限にするよう伝えたと言われています。

現在はアメリカをはじめ、世界各国にシュタイナー教育による学校が設立されています。日本では１９８７年、東京にシュタイナー教育の学園が設立されています。日本で実践されているシュタイナー教育では、人間の発達を7年ごとに区切り、段階に合わせて教育的課題を設定しています。

0歳から7歳は身体の健やかな発達を促す時期、8歳から14歳は感情を十分に働かせる時期とし、青年から大人になる15歳から21歳を抽象概念や思考力により、世界について包括的な認識を持てるようにする時期としています。

シュタイナー教育ではシュタイナーが提唱した「アントロポゾフィー」という人間観や世界観を中心に教育活動を行います。「アントロポゾフィー」は、「物質体」、「生命体」、「感情体」、「自我」の4つによって人間は作られているのだと考えており、シュタイナー教育はこの4つをバランスよく成長させることが大切だと説いています。

7歳までを全ての土台となる時期とし、幼児期の子どもは全身が感覚器官であると記しています。作り込まれたおもちゃを与えるのではなく、木の実など、自然の中で本物に触れる遊びを重視することを推奨しています。

これに続く児童期は、身体の発達から「魂」の発達を迎える時期にあたるとしています。日本ではこの部分が「感情」と表現されることも多く、子どもが自己の内面世界と外界とを区別し始める時期だとしています。

日本でシュタイナー教育を行う学校では、小学1年生から高校3年生までの12年間の一貫教育となっています。一般的な教科科目を午前中に学びます。そしてこちらも、時間割による学びではありません。

また、音と言葉を体を使って表す「オイリュトミー」など、シュタイナー教育独自の科目も行われています。また、農作業や家を実際に作る活動など、子どもの創造性をかき立てる学びがあるのも特徴です。

自発的学びと対話を大事にする
イエナプラン教育　ドイツ・オランダ

数年前、長野県佐久穂《さくほ》町に開校した私立小学校が注目を集めたことがありました。わざわざこの学校に入学させるため、移住する家庭も出ていると話題になったのです。それが、イエナプラン教育をベースに初等教育を行う大日向《おおひなた》小学校でした。

イエナプラン教育とは、ドイツにあったイエナ大学で教育学を教えていたペーター・ペーターセンによって始められた教育です。イエナ大学付属の実験校でペーターセンの考える思想と構想に基づく教育が実践されていました。その教育法は1927年にはまとめられ、国際新教育会という集まりの中で「小さなイエナプラン」として報告されています。

しかし、第二次世界大戦などもあり、世界に広がるには至りませんでした。その後、「小さなイエナプラン」に共感したオランダ人、スース・フロイデンタールによってイエナプラン教育がオランダに紹介されます。

スース・フロイデンタールは、世界新教育会のオランダ支部にあたる組織で書記を務めていました。彼女の献身的な働きにより、イエナプラン教育を実践する初の学校が1960年、オランダに設立されます。現在オランダには公立・私立合わせて200校以上のイエナプラン小学校があるといわれています。

日本で行われているイエナプラン教育は、オランダで広がったものをベースにしています。これまでに紹介したオルタナティブ教育同様に、異年齢による教育が行われており、日々の活動は「対話」「遊び」「仕事」「催し」の4つを基本に組み立てられています。

ここでいう「仕事」とは学びのことです。イエナプラン教育では、1年生から3年生を混ぜた小さなグループをつくり、これをファミリーと呼びます。異年齢の集団として過ごすことで、教え合いや助け合いが活発になり、社会に出た時のリーダーシップとフォロワーの関係を学ぶことにもつながります。

クラスのルールも子どもたちが決める

学ぶことを自分で決めるという手法も他のオルタナティブ教育と似ています。イエナプランの特徴として、サークルという対話の時間が毎日設けられていることが挙げられます。イエナプランの提唱者、ペーターセンは、子どもは学校に行き始めた初日から、自由に自主的な学びをしてよく、教室内も思うとおり動いても良いのだとまで記しています。そして、どの子にも自由が与えられていると伝えています。

一方で、「教室で起こっても良いこととは、全ての人がともに欲していること」であり、「学校での秩序ある共同生活と仕事とを、この教室内にいる全ての人にとって、ちゃんと、しかも美しい形で保証」するものでなければならないとしたのです。

だからこそでしょう。対話が大切にされています。クラスのルールも子どもたちによる話し合いによって決めて行くのです。また、学校は「生と学びの共同体」であり、大人である保護者も、この共同体を構成するメンバーであり、子どもを中心にして、その代弁者である保護者、次に教員が教育の専門家として取り巻いていくことを理想としています。

長年、公立小学校で教壇に立ち、大日向小学校で初代校長を務めた桑原《くわばら》昌之《まさゆき》先生は、あるインタビューの中で、私立だから可能ということではなく、「公立でもできるようなものがある」と話していましたが、2022年春、ついに広島県に日本初のイエナプラン教育による公立小学校が誕生しました。

アンテナpoint

オルタナティブ教育による学校では、異学年構成が主流。
日本でも私立だけでなく公立でオルタナティブ教育を実践する学校が生まれています。

3 不登校児童・生徒が過去最多を更新してしまった日本

オルタナティブ教育が公立校でも行われるようになった背景には、不登校児童・生徒の数の増加も関係していると思われます。文部科学省の発表によると、令和4年度の調査では、不登校児童・生徒数は小中合わせて29万9048人を記録しました。不登校児童・生徒とは、いじめなど、健康上や家庭の経済的理由以外のことで学校に通えない子どもたちのことです。

不登校となってしまった子どもたちが、教育の機会が奪われることがないように、既存の公教育以外の場を設けることが求められていました。台湾の「天才IT担当相」と呼ばれるオードリー・タン氏も、子どもの頃に不登校を経験しています。タン氏の場合、母親の李雅卿《リーヤーチン》がそんな我が子のためにオルタナティブ教育を実践する種子学園を設立し、タン氏の成長を全面的に支えたのです。

日本でもこれまで、民間主導で運営するフリースクールなどがありましたが、進学を希望する場合、いろいろなハードルがあるなど支障が出ていました。こうした状況を受け、不登校の問題を国も正面から受け止めようと、公的に認められた学校として「不登校特例校」の設置が全国で始まったのです。令和5年現在、全国に公立学校14校、私立学校10校が設置され、学びの多様化を実践する教育活動をが行われています。

アンテナpoint

不登校の子どもたちを救う「不登校特例校」の設置が始まり、学びの多様化が進められようとしています。

ここまで、伝統的な学校教育の枠組みから飛び出したダイナミックな教育の実践をお伝えしてきましたが、最後に、ジェンダー教育の進展について、考えていきたいと思います。

4 学校生活におけるジェンダー教育

「日本は世界と比較して男女格差が大きい」とニュースで目にしたことがあるでしょう。その根拠となっているのは世界経済フォーラム（ＷＥＦ）が毎年発表する世界の男女格差「ジェンダー・ギャップ指数」です。２０２３年、日本は１４６カ国中何位だったと思いますか？

答えは過去最低の１２５位です。

Ｇ７諸国の中では最下位です。女性の管理職や政治家、理系分野の研究者が少ないことが一因とされていますが、男女格差は保護者という立場になると、色濃く現れます。

小学校の授業参観を見渡せば8～9割が母親。多くの親たちが仕事を抜け出したり休んだりして都合をつけて来ています。平日開催の運動会も圧倒的に母親の参加率が高いです。ＰＴＡ役員も男女半々とはいきません。日本の母親たちはがんばり過ぎています。その背景には中高生で受けてきた教育の違いもありそうです。

30年前まで技術＝男子、家庭科＝女子だった

今では考えられないですが、約30年前まで中学校では技術は男子、家庭科は女子の教科、高校での家庭科も女子のみ必修とされていました。これをＺ世代（現在10～20代）やＺ世代の次のα世代に伝えると「なにそれ！　信じられない」と驚きます。

それほど異なる価値観の中で育っているということです。Ｚ世代の多くが家庭を持ち始めると、日本社会の気運も大きく変わりそうです。比較的若い世代の多い保育園の送迎では、男性もたくさん活躍しています。２０２２年には改正育児・介護休業法が施行され、男性も育休を取りやすくなりました。今はまさに男性育児参加の過渡期といえるでしょう。

世界で初めて女性首相が在職中に産休をとったニュージーランドは、男女平等先進国です。ジェンダー・ギャップ指数世界４位（２０２３年）の優等生。ニュージーランドでは母親も父親もバリバリ働きますし、家事や子育ても男女で分担します。社会全体に「家族を優先しないでどうする？」という空気があります。制度が整ってもなかなか女性の負担が減らない日本との決定的な違いです。

学校生活から始まるジェンダー平等教育

２０３０年までの達成を目指すＳＤＧｓの中に、「ジェンダー平等を実現しよう」という目標があります。これが後押しするかたちで、日本の公立学校も遅ればせながらジェンダー平等の考え方が取り入れられるようになってきました。

最近は制服刷新の動きが顕著です。ブレザー／スーツタイプに改め、女子用スラックスを取り入れる学校が増えました。男女同じデザインのジェンダーレス水着も登場。以前より肌の露出が少ない長袖とハーフパンツのセパレートタイプです。

当初は心と体の性が一致しないトランスジェンダーの生徒への配慮が前面に出される風潮がありましたが、今ではもっと広義に捉えられ、「誰もが自由に制服を選べるように」という理由で制服を変更する学校が多いようです。

性差を極力減らしたデザインで、選びやすくしています。「暖かいから」「自転車をこぎやすいから」という実用的な理由でスラックスを着用する女子生徒も増えています。また、水着に関しては「紫外線対策で長袖を着たい」「体形を隠したい」と、性別問わず選ばれています。

一方で、男子は学ラン・女子はセーラー服という昔ながらの制服を採用している学校もまだあります。学ラン支持派の男子は多い印象です。そして中には学ランを着る女子もいます。理由はさまざまですが、襟元まで上着があるので「セーラー服より格段に暖かい」という利点もあります。セーラー服か学ランかの二択しかないのは明らかに時代遅れです。

半ズボン、小便器……男子への配慮も必要

性被害問題でもそうですが、見落とされがちなのが男子への配慮です。特に制服の

ある小学校では、男子は半ズボン一択のところも多く残っています。制服は性別にかかわらずスカート・半ズボン・長ズボンなど自由に選べる時代が来ることが望まれます。

トイレも同様です。男子にとっては「個室＝大便」となってしまうため、便意をがまんする傾向にあります。家とは違う丸見えの小便器を嫌がる子もいます。こうしたことを考慮し、女子トイレ同様、男子トイレも個室にしたり、男女共用の個室型トイレを設置したりする公立学校も出てきました。

トイレマークや内装の色彩も「男子はブルー、

アンテナpoint

子どもたちの選択肢が多様化。制服や水着はジェンダーレス・ユニセックスの時代に。
学校トイレも多様な配慮が広がってきています。

女子はピンク」というステレオタイプの配色はせず、多様性を意識した学校トイレが続々と登場しています。

○ 親子ギャップ

親世代が考える「学校」だけが学校ではなくなっている。時間割のない学校も出現。制服もトイレも教育も男女差が少なくなってきています。

おわりに

ちょうど母親歴20年となった節目の年にこの本を刊行することになりました。独身の新聞記者時代から教育分野の取材を担当していましたが、いざ自分が母親になってみると見えてくる世界、視点も変わるものがありました。私の場合、この20年、ずっと記者を続けてこられたわけではありません。

途中、結婚と同時に夫の海外留学が決まり勤めていた新聞社を退社、夫に帯同する道を選びました。この間、子どもを授かり、アメリカ滞在中の5年間は家事と育児に専念する専業主婦の時代を過ごしました。

慣れない異国の地での生活の中、記者という肩書きで記事を書いていた時代と違い、肩書きのない自分に何の価値があるのだろうかと涙を流したこともありましたが、今は、専業主婦として家族を支えることに費やした時間を無駄だったとは思っていません。むしろ、専業主婦でなければ得られなかったであろう視点、海外だからこそできたさまざまな国や地域の友人達との交流を深められたからです。

帰国後に子育て情報誌の制作や、ワークライフバランスについての取材を徐々に引き受けるようになり今に至ります。学校教育や子育てについての取材を多くしてきたのですが、これほどまでに変化の激しい時代はなかったように思います。

同じ保護者の皆さんが疑問に思うこと、分からないと思うことについて、一緒に考える本が今こそ必要ではないかと思いました。企画段階から相談に乗ってくださった笠間書院の皆さまのおかげで出版を迎えることができました。特に、編集を担当してくださった糸賀蓉子さんには大変お世話になりました。

また、本書制作にあたって、日頃から私と同じように家庭生活も大事にしながら取材、執筆活動を続けている大楽眞衣子さんに協力を仰ぎました。彼女の丁寧な取材と的確でいて柔らかい文章が本書の内容を深め、読みやすく親しみやすいものにしてくれています。

私が子どもをはじめて産んだ20年前と比べると、子育て世代を取り巻く環境も大きく変化しています。何事もスピード感を求められる時代の中にあります。これは自戒をこめて言っているのですが、親も忙しい毎日を送る中、気が付けば、子どもたちにも「早く早く」と成長をせかしてしまっている部分があるようにも思います。

しかし、子育てや教育には急いではいけないことがある、本書の執筆を通してそのことをあらためて感じさせてもらうことになりました。

世の中でスピード感が求められる今だからこそ、なおさら「いそがない教育」ということも考える必要があるように思います。私もまだ、親としては未熟な部分が多いものではありますが、親だからこそ分かる不安、疑問を皆さんと共に考えていきたいと思いました。

我われは子が生まれた瞬間にいきなり母親、父親になるわけで、ベテランの親などどこにもいません。本を読んだり、周りに話を聞いたりしながら徐々に親というものになっていきます。子どもと共に親も成長の時を与えられているのだと思います。

日々の子育て、暮らしの中で見える小さな疑問に注目しながら、子どもたちの未来を育む道について、これからも取材していきたいと思います。

最後に、本書を手にとってくださった皆さんの日々の子育てが、愛で包まれたものとなりますように祈っております。

2024年1月　宮本さおり

参考文献

ヴァルドルフ教育を支えるR.シュタイナーの教師観(池内 耕作)
https://www.jstage.jst.go.jp/article/jsste/6/0/6_58/_pdf

オランダ・イエナプラン教育の特徴(日本イエナプラン教育協会)
https://japanjenaplan.org/jenaplan/feature/

「江戸時代の寺子屋は個別最適化されていた」『GIGAスクール構想×個別最適な学び』(上智大学教授・奈須正裕氏/文部科学省)
https://www.mext.go.jp/studxstyle/special/51.html

『高等学校情報科「情報I」教員研修用教材』(文部科学省)

『OECD生徒の学習到達度調査(PISA)~2018年調査問題例~コンピュータ使用型読解力問題』令和元年(2019)年12月(文部科学省国立教育政策研究所)
https://www.nier.go.jp/kokusai/pisa/pdf/2018/04_example.pdf

同志社設立の旨意　現代語訳版(新島襄/1888年)
https://www.doshisha.ac.jp/attach/page/OFFICIAL-PAGE-JA-36/15351/file/dosh_set_gendaibun.pdf

『ICTことば辞典　ネット時代のニュースがよくわかる250の重要キーワード』(大谷和利、三橋ゆか里、江口晋太朗著/三省堂)

『メディア・リテラシー　-世界の現場から-』(菅谷明子著/岩波新書)

『学校と社会』(デューイ著　宮原誠一訳/岩波文庫)

『生きる力を身につける　14歳からの読解力教室』(犬塚美輪著/笠間書院)

「日本人英語指導助手が2年間限定で全小学校を巡回、指導力を高めた担任と専科教員との両輪で授業を改善」『VIEWnext 教育委員会版2022 Vol.2』
https://view-next.benesse.jp/view_media/web-board/VIEWnext_kyo_2022_02_toku_04.pdf

『子どものスポーツ格差ー体力二極化の原因を問う』(清水紀宏・編著/大修館書店)

『AERA』(2023年6月12日号/朝日新聞出版)

CTVNews "Quebec judge authorizes class-action lawsuit over 'addictive' Fortnite game
https://montreal.ctvnews.ca/quebec-judge-authorizes-class-action-lawsuit-over-addictive-fortnite-game-1.6186022　(2022.12.8)

『話し合ってみよう!ネットとゲームのルールづくり』(リーフレット/兵庫県)
https://web.pref.hyogo.lg.jp/kk16/documents/rurudukurisasshi.pdf

「モンテッソーリの教育ー六歳~十二歳まで」(M・モンテッソーリ著　吉本二郎、林信二郎訳/あすなろ書房)

著者プロフィール

宮本さおり（編著）

ジャーナリスト。夫の大学院留学をきっかけに新聞記者から専業主婦に。帰国後、フリーランスの記者として、教育、子育て、ワークライフバランスを中心に『AERA』『東洋経済オンライン』などで執筆。著書に『データサイエンスが求める新しい数学力』（日本実業出版社）がある。

大楽眞衣子（著）

ライター。全国紙記者を経てフリーランスに。専業主婦の経験を活かした生活者目線で、子育て、教育、女性の生き方をテーマに『AERA』や複数のウエブ媒体で執筆している。食育誌の畑や港の取材がライフワーク。保育士資格取得、静岡県在住。

親と子のギャップをうめる

知っておきたい超スマート社会を生き抜くための教育トレンド

2024 年 4 月 5 日　初版第 1 刷発行

編著者　宮本さおり
著者　大楽眞衣子
イラスト　うてのての
発行者　池田圭子
発行所　笠間書院
〒101-0064
東京都千代田区神田猿楽町 2-2-3
電話 03-3295-1331　FAX 03-3294-0996

ISBN 978-4-305-71006-2

装幀・デザイン・本文組版　野村道子（bee's knees-design）
印刷／製版　平河工業社

https://kasamashoin.jp